本书由国家社会科学基金"十三五"规划 2020 年度教育学一般课题"2020 年后高校倾斜性招生计划的公平成效和优化方案研究"（课题批准号：BIA200200）资助

中国高等教育公平的新征程

2020 年后高校倾斜性招生计划研究

崔 盛 著

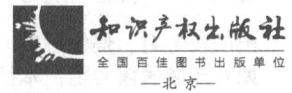

全国百佳图书出版单位

——北京——

图书在版编目（CIP）数据

中国高等教育公平的新征程：2020年后高校倾斜性招生计划研究/崔盛著．—北京：知识产权出版社，2023.5

ISBN 978-7-5130-8718-6

Ⅰ．①中⋯　Ⅱ．①崔⋯　Ⅲ．①高等学校—招生—研究—中国　Ⅳ．① G647.32

中国国家版本馆 CIP 数据核字（2023）第 056578 号

内容提要

本书系统梳理新时代高校倾斜性招生政策的逻辑起点与关联因素，基于高等教育机会数量与质量两个维度，合理评估多年来的政策实施成效。本书分为四个部分：首先，利用行政文本与数据对我国倾斜性招生计划展开分析，从实施主体、招生结果与实施成效解释政府宏观调控对保障高等教育机会公平的作用；其次，对专项计划涉及的相关利益群体进行调查研究，探究倾斜性招生计划对学生、家庭及学校的影响；再次，对发达国家、发展中国家高校倾斜性招生政策演变进行梳理，站在全球视角分析不同国家在促进高等教育公平方面的重要举措和经验；最后，通过总结现有倾斜性招生政策的经验，对当前政策实施过程中的问题与不足提出针对性建议。

本书适合教育领域从业者阅读。

责任编辑：李　婧　　　　　　　　　　　责任印制：孙婷婷

中国高等教育公平的新征程——2020年后高校倾斜性招生计划研究
ZHONGGUO GAODENG JIAOYU GONGPING DE XINZHENGCHENG
——2020NIAN HOU GAOXIAO QINGXIEXING ZHAOSHENG JIHUA YANJIU

崔　盛　著

出版发行：	知识产权出版社有限责任公司		网　　址：	http://www.ipph.cn
电　　话：	010-82004826			http://www.laichushu.com
社　　址：	北京市海淀区气象路50号院		邮　　编：	100081
责编电话：	010-82000860转8594		责编邮箱：	laichushu@cnipr.com
发行电话：	010-82000860转8101		发行传真：	010-82000893
印　　刷：	北京建宏印刷有限公司		经　　销：	新华书店、各大网上书店及相关专业书店
开　　本：	720mm×1000mm　1/16		印　　张：	12.75
版　　次：	2023年5月第1版		印　　次：	2023年5月第1次印刷
字　　数：	200千字		定　　价：	68.00元
ISBN 978-7-5130-8718-6				

出版权专有　侵权必究

如有印装质量问题，本社负责调换。

目 录

绪 论 · 1
 第一节 研究背景 · 1
 第二节 研究意义 · 5
 第三节 研究设计 · 6
 第四节 研究概况 · 8
 本章参考文献 · 11

第一章 国家专项计划政策现状分析 · 15
 第一节 政策演进梳理 · 15
 第二节 政策实施现状 · 20
 第三节 招生成效分析 · 22
 第四节 本章小结 · 39
 本章参考文献 · 41

第二章 高校专项计划政策现状分析 · 43
 第一节 政策演进梳理 · 43
 第二节 政策实施现状 · 46
 第三节 招生成效分析 · 51
 第四节 本章小结 · 69
 本章参考文献 · 71

第三章　地方专项计划政策现状分析　73

第一节　政策演进梳理　74

第二节　政策实施现状　75

第三节　招生成效分析　82

第四节　本章小结　88

本章参考文献　89

第四章　倾斜性招生计划与高中学位发展　91

第一节　研究背景　92

第二节　倾斜性招生计划吸引生源回流　95

第三节　倾斜性招生计划促进高中发展　99

第四节　本章小结　103

本章参考文献　104

第五章　倾斜性招生计划与学生大学表现　107

第一节　研究背景　108

第二节　专项计划学生的心理行为表现　111

第三节　专项计划学生表现的独特性　115

第四节　本章小结　117

本章参考文献　118

第六章　倾斜性招生计划与学生毕业选择　123

第一节　研究背景　125

第二节　专项计划学生毕业期望的落空　126

第三节　专项计划学生生涯规划的迟滞　129

第四节　本章小结　134

本章参考文献　138

第七章 世界高等教育倾斜性招生计划政策演进 ·············· 143
- 第一节 美国高等教育倾斜性招生政策 ·············· 143
- 第二节 英国高等教育倾斜性招生政策 ·············· 150
- 第三节 法国高等教育倾斜性招生政策 ·············· 156
- 第四节 日本高等教育倾斜性招生政策 ·············· 161
- 第五节 南非高等教育倾斜性招生政策 ·············· 166
- 第六节 印度高等教育倾斜性招生政策 ·············· 173
- 本章参考文献 ·············· 176

第八章 总结与建议 ·············· 185
- 第一节 促进高等教育机会公平的国际经验 ·············· 185
- 第二节 倾斜性招生计划面临的突出问题 ·············· 190
- 第三节 倾斜性招生计划改进的优化建议 ·············· 192
- 本章参考文献 ·············· 196

绪 论

第一节 研究背景

一、国际倾斜性招生计划实施的背景

扩大教育机会是各国促进高等教育机会公平的主要措施，学者们在探讨相关问题的过程中逐步形成了两个经典的理论假设：其一是最大化维持不平等假设（Maximally Maintained Inequality，MMI），其二是有效维持不平等假设（Effectively Maintained Inequality，EMI）。最大化维持不平等假设认为教育机会的扩张优先满足了优势阶层子女的教育需求，而弱势阶层子女很难获取增加的教育机会，这种现象在高等教育中尤为明显（Raftery，1993）。有研究发现自20世纪以来大多数工业化国家的教育机会不平等程度在教育扩张期间没有明显下降，来自不同社会阶层和经济阶层学生的教育机会不平等非常稳定（Shavit，1993）。而有效维持不平等假设则是在 MMI 理论基础上进一步延伸，该理论认为教育机会的不平等从教育数量向教育质量转变，随着教育机会的增加，弱势阶层子女获得的是那些质量较低的教育机会，由此产生了教育质量上的不公平（Lucas，2001）。有研究发现英国在教育机会数量增长阶段，不同阶层子女在高等教育入学机会的质量方面基本没有变化（Boliver，2011），而以色列的普通学院吸纳了更多弱势群体子女，不同群体在那些预期收益较高专业中的入学机会差距逐步扩大，这些现象也都符合 EMI 理论假设（Ayalon，

2005)。

若教育扩张无法解决高等教育机会不公平的问题,那么政府可以通过一些平等化、倾斜性政策,在预防教育机会分化的同时,及时补偿教育改革对弱势群体可能造成的机会损害(谭敏等,2017),特别是以倾斜性招生计划作为政府宏观调控的政策手段,可对高等教育机会公平产生积极影响。例如,美国政府关注以少数族裔为主要弱势群体的高等教育机会公平问题,出台了"平权法案"(Affirmative Action)、百分比法案(Percent Plan)等倾斜性政策,要求大学在录取少数族裔学生时给予倾斜,降低对学生家庭背景和收入情况的关注(Laycock,2003;Shulruf,2009),有的甚至略去标准考试成绩要求(Stulberg,2013)。无独有偶,英国实施目标更高项目(Aim High Program),要求高校招收足够数量的低收入家庭学生,以提高弱势群体学生的就学比例。而法国由巴黎政治学院实施优先教育协定计划(Conventions Education Prioritaire),为教育资源匮乏区域的高中学生提供特殊的入学考试,以此提高弱势群体学生的录取率(Donahoo,2008)。此类带有较强针对性的倾斜性招生计划是对种族、地域、阶层、家庭经济条件等弱势学生教育机会的补偿,提供了更多的高等教育机会,特别是优质的教育机会,有效地促进高等教育公平。

二、我国实施倾斜性招生计划的背景

我国的高等教育机会公平有两个判断标准:第一,进入高等教育的机会,即国际通行的入学率指标;第二,接受何种质量的高等教育,即高等教育质量指标(张继平等,2012)。2019年我国高等教育的毛入学率达到51.6%,由高等教育大众化阶段进入普及化阶段,教育机会的供给持续增加。有研究认为自1998年高校扩招后,高等教育生源出现多样化趋势,农村学生获得高等教育的机会都有了显著提高,与优势群体在入学机会数量方面的差异一直在缩小(梁晨等,2012;刘精明,2007)。也有学者指出,尽管高等教育机会的绝对数量增长明显,但城乡学生高等教育机会的不平等还将长期存在,而且不同区域学生的入学机会差异依然明显，生活在发达地区的城市学生获得了更多的入学机会（李春玲，2014；马宇航等，2015；乔锦忠，2007；杨江华，2014）。同时，这种差异正由显性量的不均等向隐性质的不均等转移，弱势阶层如农村学生、贫困地区学生主要分布在普通本科院校、专科院校，以及冷门专业中，高等教育质量的不平等进一步加剧（丁小浩，2010；王伟宜，2015；李春玲，2010）。根据我国高等教育机会的实际变化来看，MMI 与 EMI 理论中教育不平等的持续性和递进性假设得到了相应印证（王香丽，2011）。

正是基于以上背景，我国高等教育机会公平正从追求数量公平的低层次目标向追求质量公平的高层次目标迈进。2012 年以来我国逐步实施了重点高校面向农村和贫困地区学生的倾斜性招生计划（以下简称"专项计划"），由国家专项计划、高校专项计划和地方专项计划构成，定向招收贫困地区学生与农村学生。三大专项计划是针对不同区域、不同户籍的弱势学生群体设计的倾斜性招生政策，弥补了他们在家庭及以往学校教育上的不足，为底层人群通过教育实现升迁性社会流动提供了通道，为寒门子弟提供了高质量的高等教育机会（余秀兰，2014；杨三喜，2017；张小萍等，2015），提升了他们进入重点大学的比例（余秀兰，2016；李立国等，2019）。正是由于我国政府采取了较为强硬的平等化政策，反而从某种程度上破除了最大限度维持不平等假设中的阶层固化问题，更好地促进了高等教育机会公平（Deng, 1997）。

三、2020 年后倾斜性招生计划面临的新形势

倾斜性招生计划政策实施 10 年来，招生规模不断扩大，由 2012 年的 1 万人增长至 2021 年的 12.2 万人，累计录取学生 82 万余人，极大增加了农村和（原）贫困地区学生的优质高等教育机会，政策成效突出（丁雅诵，2022）。但倾斜性招生计划在招生标准、招生规模、培养过程及目标（学生就业）等方面仍存在一定问题。尤其是在 2020 年后，我国进入高等教育普及化阶段，基本建立中国特色现代教育考试招生制度。同时，2020 年年底我国如期完成脱贫

攻坚任务，户籍制度改革也将全面铺开。在这一关键时间点，如何评价、巩固倾斜性招生计划实施以来的公平成效，如何为顺应宏观发展形势的改变，调整、优化倾斜性招生计划的具体实施方案，是开启倾斜性招生计划新征程的现实背景。

第一，2020年年底，我国脱贫攻坚战取得全面胜利，贫困地区全部脱贫摘帽。同时，2014年后多数省份取消农业户口与非农业户口性质区分，城乡二元户籍制度也正逐步退出历史舞台（朱光磊等，2021）。倾斜性招生计划的原有招生标准随之模糊化：一是对于持居民户口但实际生活在农村的学生来说，他们是否还能成为政策的受益者（李立国等，2020）；二是针对（原）贫困地区的招生指向将如何改变，划定实施区域的新依据是什么；三是不同地区户籍制度改革进度和贫困状况各不相同，标准设定是否将统一；等等。因此，未来倾斜性招生计划的招生标准可能需要差异化制定，因地制宜，切实保障政策的公平成效。

第二，2019年我国高等教育毛入学率达到51.6%，正式进入高等教育普及化阶段，接受高等教育逐渐成为人人均能享受到的机会。但优质高等教育机会分布不均衡的问题也由此凸显（岳昌君等，2020）。为此，以更高层次的质量公平为追求的倾斜性招生计划，应持续加大政策扶持力度，拓展公平成效。然而，原有倾斜性招生政策囿于承担主体的有限性、招生标准的卓越性等（杜瑞军，2022；曹妍等，2018），招生规模较小且扩展潜力较小，政策普惠性不足。在普及化深入的背景下，需要解决倾斜性招生计划规模扩张的固有限制与需求增长之间的矛盾。

第三，为实现"巩固和拓展脱贫攻坚成果、全面推进乡村振兴、加快农业农村现代化"的新目标，进一步满足各地涌现出的全方位、多领域的人才需要。从实践上看，当前解决乡村振兴人才需求主要依赖于项目式、行动式、选派式、高度本地化的方案（唐丽霞，2021），缺少对人才的自然引流及对人才引育机会的长期发掘。人才尤其高校毕业生具有突出的流动规律，去向往往以生源地或就学地二分（马莉萍等，2013）。虽然倾斜性招生计划面向农村学生，但是专项计划学生较多面临就业匹配困难的问题，且返乡返农就业较少，难以改善其生源地的人才匮乏问题（唐汉琦，2015）。因此，未来倾斜性招生计划的目标及培养过程需要提高学生就业的针对性，还应进一步挖掘其满足农村和（原）贫困地区人才需求的潜在价值。

第二节　研究意义

本书的研究意义主要表现为以下几个方面。

首先，高校倾斜性招生计划是新时代维护高等教育公平、发展更加公平更有质量教育的重要举措，这一系列倾斜性政策均有特定的人群指向，如贫困地区（国家级贫困县）学生、农村户籍学生等。但面临2020年关键时间节点，脱贫攻坚取得全面胜利，"国家级贫困县"的说法不复存在，同时随着户籍制度改革的全面实施，城市户籍门槛也将成为历史，那么倾斜性招生政策又将何去何从？因此，本书将以2020年的关键时间点承前启后，紧跟政府为保障弱势学生群体高等教育机会所采取的措施，探讨2020年后倾斜性招生计划的政策走向，具有很强的现实意义与时效性。

其次，在2014年发布的《国务院关于深化考试招生制度改革的实施意见》中，改革主要任务和措施的第一条便是改进招生计划分配方式，提高中西部地区和人口大省高考录取率，增加农村学生上重点高校人数，并要求在2017年取得阶段性成效，2020年基本建立完善制度。因此，本书处于我国高考招生计划分配方案改革的总结时期，评估高等教育普及化后倾斜性招生计划的公平成效，有效改进三大专项计划，对推动高考招生综合改革具有积极的实践意义。

再次，为了提高农村地区和贫困地区学生接受高等教育的机会，倾斜性招生计划有力支撑了公平视野下学生的教育机会均等，彰显了教育公平与社会公

平，有效解决 MMI 与 EMI 理论所提出的规律性问题。所以，本书基于教育机会公平理论，对三大倾斜性招生计划实施逻辑与具体成效的研究，阐述三大倾斜性招生计划在促进高等教育机会均等、保障教育机会公平方面发挥的作用，既是对教育机会公平理论的实践，也可对相关理论延伸与丰富，具有较强的学术价值和理论意义。

最后，总结我国倾斜性招生计划经验，提出解决高等教育机会公平问题的中国方案，为世界各国的教育实践提供借鉴。中国已成为世界高等教育第一大国，通过有效的倾斜性招生计划的实施，可以形成一套稳定且有效的倾斜性招生政策体系，解决我国长久以来高等教育机会的区域不均与城乡不均问题。所以，我国在维护高等教育机会公平中的做法与经验也可为其他国家提供借鉴与参考，形成中国特色理论，传播中国教育故事。

第三节　研究设计

一、研究思路

当前，我国通过倾斜性招生计划来解决高等教育机会公平问题。随着多年政策的实施与加强，需要对政策进行阶段性总结与评估，以回应国家投入与社会关注。

本书基于中国现代高等教育的历史与传统、宏观与微观等因素，进一步梳理倾斜性招生计划的历史逻辑与制度逻辑，对现实情况加以实践佐证。以 2012 年以来国家专项计划、高校专项计划和地方专项计划的行政数据为基础，综合运用量化研究方法，分析三大专项计划在促进高等教育机会的区域公平、城乡公平等方面的实际作用。同时，基于全国部分高校专项计划录取学生调查访谈，以及对于地方和高校政策执行者、相关高中的质性研究，多维度、多视角综合评价倾斜性招生计划的实施成效，切实反映政策实施过程中的问题。同时，站在全球视野，结合特定国家高等教育的发展历程，综合论述不同国家在促进高等教育机会公平过程中遇到的问题与经验举措，并与中国特色的倾斜性招生体系形成互补或对照，更加深入地理解招生计划如何有效促进教育公平。

基于上述理论和实证研究，本书最终提出相关政策的优化建议。招生计划改革是一项动态持续的过程，在政策实施过程中仍会出现许多问题，需要不断进行完善与改进。面对 2020 年这一关键时间点，外部环境变化巨大，研究将通过对政策阶段性的综合评估，提出优化改进方案，并对未来倾斜性计划的进一步实施展开动态监测与跟踪研究（如图 0-1 所示）。

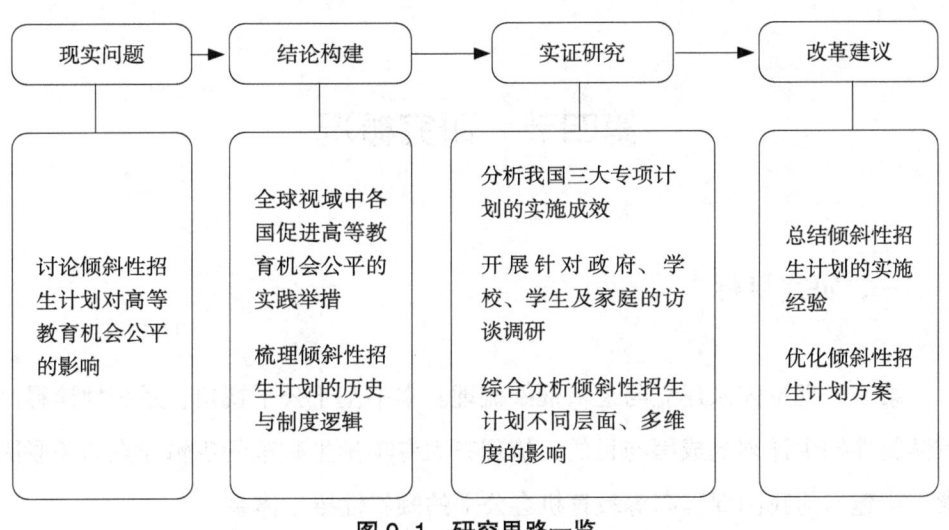

图 0-1　研究思路一览

二、研究方法

文献与政策文本分析。本书以教育机会公平理论为核心，梳理本书涉及的相关理论文献，形成用以支撑我国当前政策实施逻辑的理论框架。同时，基于政策文本的历史性回顾，对倾斜性招生计划的历史脉络、制度逻辑进行文本梳理。

统计描述与计量分析。研究基于多年专项计划的行政数据，对实施地域、

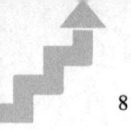

覆盖对象等情况的描述分析,从宏观层面给出倾斜性招生计划实施成效的基本现状。同时,综合运用量化研究方法,采用线性回归等研究工具,分析倾斜性招生计划在促进高等教育机会公平方面的作用。

调查访谈与案例分析。研究开展专项计划学生的访谈调查,了解主要受众对倾斜性招生计划的参与情况,进一步探讨个体因素与招生计划的关联程度。对地方教育部门、高校、中学及受政策覆盖的潜在学生群体进行调研,了解倾斜性招生计划在实际运作中对地方教育生态、教育机构的影响,同时进一步探究政策的前端影响,形成具有代表性的典型案例。

第四节 研究概况

一、研究目标

第一,理论体系建立与逻辑框架梳理。本书基于公平视角,系统性诠释高校倾斜性招生计划的成因与目的,梳理三大专项招生政策的逻辑起点与关联因素,构建当前我国促进高等教育机会公平的倾斜性招生体系。

第二,计划成效评价与实施问题研究。本书对当前倾斜性招生计划的实施成效进行评估,从宏观与微观两个层次,以高等教育机会数量与质量两个维度为着力点,通过实证研究的方法评价政策的实际效果,找到实施过程中存在的问题。

第三,实践经验总结与优化方案设计。本书总结当前倾斜性招生计划实施中的经验与不足,并结合国际经验,设计一套符合高等教育发展规律同时促进高等教育机会公平的中国特色招生调控方案。

二、研究内容

一是基于高等教育机会公平的高校倾斜性招生计划体系。本书主要对理论文献和政策文本进行梳理，重点厘清我国高校倾斜性招生计划相关政策的历史变迁，阐述当前构建的高校倾斜性招生计划体系，从宏观层面、理论层面、制度层面分析各招生计划的政策逻辑与关联因素。本书绪论主要介绍研究背景、研究意义、研究设计和研究概况，结合相关理论文献和政策文本构建本书研究整体框架。本书前三章主要利用行政文本与行政数据分析三大专项计划的实施主体、招生结果与实施成效，从高等教育机会的数量与质量两方面论证专项计划对缩小区域差异与城乡差异的实际作用，解释政府宏观调控对保障高等教育机会公平的真正影响。具体来看，前三章分别从近年来国家政策、实施高校、实施区域、报考条件以及招生办法等方面，梳理国家专项计划、高校专项计划和地方专项计划政策的发展脉络和变化趋势，并分析三大专项计划的政策现状，评价三大专项计划的实施成效。

二是高校倾斜性招生计划实施的具体影响和效果评价。本书以我国倾斜性招生计划的国家专项计划、高校专项计划和地方专项计划为政策研究对象，对专项计划涉及的相关利益群体进行调查，探究倾斜性招生计划在实施过程中对高中学校、大学学生和家庭及高校毕业生产生的影响，特别是高中学生如何报考与选择大学，高校如何开展招生与人才选拔，挖掘政策实施过程中存在的问题，进一步论证政策能否起到根本性作用。具体来看，本书第四章讨论倾斜性招生政策在农村和贫困地区高中招生的实施情况，讨论政策在多大程度上发挥了高考升学指挥棒的作用，并对实施区域的高中产生什么样的影响。本书第五章引入心理学"负担综合征"的理论视角，讨论专项计划学生的大学表现，通过质性访谈探讨专项计划学生的内心世界，试图解释家庭背景、早期教育、受专项计划倾斜等经历如何作用于学生的非认知表现，找到他们身上更为独特、显性的心理特征及内化这些经历的方式，以期能更好地帮助学生突破潜在的心理困境。本书第六章基于专项计划学生毕业选择现状，从生涯规划的视角探讨专项计划学生毕业期望与现实选择，通过质性访谈深度挖掘专项计划学生难以"跃龙门"的内外因素，评价专项计划政策的实施效果，并期望帮助专项计划学生提高生涯规划意识和能力，使其真正获得人生出彩的机会。

三是2020年后高校倾斜性招生计划的优化方案。本书通过总结现有倾斜性招生政策的实施现状和国际经验，对当前政策实施过程中的问题与不足提出针对性建议，同时针对2020年后我国高等教育进入普及化阶段、现代教育考试招生制度基本建立、脱贫攻坚任务如期完成、户籍制度改革全面铺开等外部环境的变化，提出应对措施，进一步优化招生改革方案。本书第七章主要介绍美国、英国、法国、日本、南非和印度六国高等教育机会公平的发展过程，从比较研究的视角分析世界各国政府在实施倾斜性招生计划过程中采取的政策和措施，以此为我国的政策制定与实施提供参考借鉴。本书第八章主要总结促进高等教育机会公平的国际经验，综合探讨本书的研究结果与研究发现，提出现阶段我国倾斜性招生计划所面临的问题，并对未来倾斜性招生计划发展的新征程提出优化建议。

三、研究价值

本书研究价值主要有以下几个方面。

第一，本书以基础理论创新为突破。现有教育机会公平理论不完全适用于我国当前倾斜性招生计划的教育实践，所以必须通过理论创新，建立起适合解释和评价我国倾斜性招生计划设定问题的理论假设，并通过严谨的统计方法检验和评价各招生政策的作用效果。

第二，本书以实证数据创新为基础。研究团队掌握多年来三大专项计划实施的一手行政数据及全国高校招生数据，同时团队已经开展针对专项计划学生的全国性微观调查与高校调研，这些数据是本书研究结论的有力保障与核心竞争力。此外，通过宏观数据与微观调查的综合运用，可以形成有效的证据链，增强研究的可行性与结果的可信度。

第三，本书的创新性研究方法具有亮点。本书的研究以科学的政策评估手段为依据，综合运用因果推断的实证方法，严谨地解释倾斜性招生计划对高等教育机会公平的改善效果，而非简单描述数据或讨论政策的应然影响。同时，本书研究通过实证调查、质性访谈和干预实验，综合评价不同政策对高中学生报考、学生大学学业发展和高校学生就业选择的影响。

第四，本书为2020后政策走向提供研究支撑。随着2020年外部环境及上位政策的巨大变化，倾斜性招生计划会受到极大影响，需要做出相应的改进与优化，如何改、如何变，正是本书研究的价值所在。同时，鉴于国家对教育机会公平的重视及加强政策扶持，需要有相应的研究来支撑高考招生改革，弥补已有研究在实施成效、综合评价方面的不足。本书的研究也并不仅仅停留在对政策当前实施成效的评价，还融合了招生计划、财政投入、地方协同、多杆联动的倾斜性招生计划优化方案，提出目标政策改进与完善的方法。

本章参考文献

曹妍，张瑞娟，候玉娜，2018.补偿还是选拔？"国家专项计划"补偿机会在地区间分配的精准性分析［J］.中国高教研究，(8)：23-29.

崔盛，田浩然，2023.地方高等学校专项招收农村学生的现状与优化［J］.教育研究，(2)：101-111.

崔盛，吴秋翔，王明鑫，2019.农村和贫困地区专项招生计划学生发展研究——基于全国8所重点高校的调查［J］.中国高教研究，(2)：34-40，66.

丁小浩，梁彦，2010.中国高等教育入学机会均等化程度的变化［J］.高等教育研究，(2)：1-5.

丁雅诵，2022. 推进教育公平 共享优质教育（谱写新篇章）［N］.人民日报，5-25.

杜瑞军，2022."高校专项"招生政策的动因、挑战及未来走向［J］.教育经济评论，7(3)：23-45.

李春玲，2014."80后"的教育经历与机会不平等——兼评《无声的革命》[J]．中国社会科学，(4)：66-77，205．

李春玲，2010．高等教育扩张与教育机会不平等——高校扩招的平等化效应考查[J]．社会学研究，25(3)：82-113，244．

李立国，吴秋翔，2019．专项计划的今天与未来[N]．光明日报，8-20(14)．

李立国，吴秋翔，2020．从权利平等、机会平等到发展平等——基于我国倾斜性招生政策的分析[J]．教育研究，41(3)：95-105．

梁晨，李中清，张浩，等，2012．无声的革命：北京大学与苏州大学学生社会来源研究(1952—2002)[J]．中国社会科学，(1)：98-118，208．

刘精明，2007．扩招时期高等教育机会的地区差异研究[J]．北京大学教育评论，5(4)：142-155．

马莉萍，潘昆峰，2013．留还是流？——高校毕业生就业地选择与生源地、院校地关系的实证研究[J]．清华大学教育研究，34(5)：118-124．

马宇航，杨东平，2015．城乡学生高等教育机会不平等的演变轨迹与路径分析[J]．清华大学教育研究，(2)：7-13．

乔锦忠，2007．优质高等教育入学机会分布的区域差异[J]．北京师范大学学报(社会科学版)，(1)：23-28．

谭敏，王伟宜，2017．博弈与权衡：代价论视角下高考招生改革的教育机会均等[J]．中国高教研究，(4)：66-71．

唐汉琦，2015．重点高校面向贫困地区定向招生专项计划的政策反思[J]．考试研究，49(2)：13-18．

唐丽霞，2021．乡村振兴战略的人才需求及解决之道的实践探索[J]．贵州社会科学(1)：161-168．

王伟宜，2015．高等教育入学机会变迁研究[M]．清华大学出版社．

王香丽，2011．大众化阶段我国高等教育入学机会公平的特点和路径选择[J]．现代教育管理，(6)：33-35．

吴秋翔，崔盛，2018.农村学生重点大学入学机会的区域差异——基于高校专项计划数据的实证分析[J].中国高教研究,（4）:70-77.

杨江华，2014.我国高等教育入学机会的区域差异及其变迁[J].高等教育研究,35（12）:27-34.

杨三喜，2017.高招"扶贫"扶上马还要送一程[N].中国教育报,4-20（002）.

余秀兰，白雪，2016.向农村倾斜的高校专项招生政策：争论、反思与改革[J].高等教育研究,（1）:22-29.

余秀兰，2014.教育还能促进底层的升迁性社会流动吗[J].高等教育研究,35（7）:9-15.

岳昌君，邱文琪，2020.规模扩大与优质高等教育入学机会均等化[J].高等教育研究,41（8）:22-34.

张继平，董泽芳，2012.优质高等教育入学机会不公平的多向度分析[J].华中师范大学学报（人文社会科学版）,51（2）:141-145.

张小萍，张良，2015.中国高校"支援中西部地区招生协作计划"实施成效分析——"985工程"高校为例[J].清华大学教育研究,（3）:48-56.

朱光磊，裴新伟，2021.中国农民规模问题的不同判断、认知误区与治理优化[J].北京师范大学学报（社会科学版）,（6）:127-138.

AYALON H, YOGEV A, 2005. Field of Study and Students' Stratification in an Expanded System of Higher Education: The Case of Israel[J]. European Sociological Review, 21（3）: 227-241.

BOLIVER V, 2011. Expansion, Differentiation, and The Persistence of Social Class Inequalities in British Higher Education[J]. Higher Education, 61（3）: 229-242.

DENG Z, TREIMAN D J, 1997. The Impact of the Cultural Revolution on Trends in Educational Attainment in the People's Republic of China[J]. American Journal of Sociology, 103（2）: 391-428.

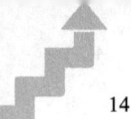

Department for Education and Skills, 2003. The Future of Higher Education [R]. London: The Stationery Office Limited.

DONAHOO S, 2008. Reflections on Race: Affirmative Action Policies Influencing Higher Education in France and the United States [J]. Teachers College Record, 110 (2): 251-277.

LAYCOCK D, 2003. The Broader Case for Affirmative Action: Desegregation, Academic Excellence, and Future Leadership [J]. Tulane Law Review, 78: 1767-1842.

LUCAS S R, 2001. Effectively Maintained Inequality: Education Transitions, Track mobility, and social Background Effects [J]. American Journal of Sociology, 106 (6): 1642-1690.

RAFTERY A E, HOUT M, 1993. Maximally Maintained Inequality: Expansion, Reform, and Opportunity in Irish Education, 1921-1975 [J]. Sociology of Education, 66 (1): 41-62.

SHAVIT Y, BLOSSFELD H P, 1993. Persistent Inequality: Changing Educational Attainment in Thirteen Countries. Social Inequality Series [M]. Boulder: Westview Press.

SHULRUF B, TURNER R, HATTIE J, 2009. A Dual Admission Model for Equity in Higher Education: A Multi-Cohort Longitudinal Study [J]. Procedia-Social and Behavioral Sciences, 1 (1): 2416-2420.

STULBERG L M, CHEN A S, 2013. The Origins of Race-Conscious Affirmative Action in Undergraduate Admissions: A Comparative Analysis of Institutional Change in Higher Education [J]. Sociology of Education, 87 (1): 36-52.

第一章 国家专项计划政策现状分析

为了有效推动教育资源向贫困地区倾斜,我国自2012年起组织实施"面向贫困地区定向招生专项计划",也称国家专项计划。国家专项计划面向集中连片特殊困难县、国家扶贫开发重点县及新疆南疆四地州,主要由中央部门所属高校和各省(区、市)所属重点高校承担,国家专项的实施有效提高了贫困地区学生的入学机会,调整了区域差异。自2012年以来,来自832个国家级贫困县的50多万名学生得益于该项政策,进入200多所全国重点高校,大大增加了贫困地区学生获得优质高等教育的机会。2020年,我国832个国家级贫困县全部脱贫,但其脱贫后仍可继续享受"国家专项计划"政策。国家专项计划的实施解决了贫困地区学生入学难的问题,但政策实施过程中也存在一定的问题。

本章根据相关政策内容和招生数据,结合现实中产生的问题,从近年来国家政策、实施高校、实施区域、报考条件及招生办法等方面着手,梳理了国家专项计划政策的发展脉络和变化趋势,分析了国家专项计划的政策现状,最后还评价了国家专项计划的实施成效。

第一节 政策演进梳理

国家专项计划自2012年开始实施,每年都会出台相关政策文件,对当年专项计划的实施提出要求,并针对当年的实际情况进行调整。各省(区、市)根据中央政策文件的指导出台具体的规则与措施,支持国家专项计划的具体落实。

一、国家政策的内容及演进

2012年,我国首次出台"面向贫困地区定向招生专项计划",总体招生1万人,到2013年继续扩大实施农村贫困地区定向招生专项计划为3.21万人,2014年"专项计划"强调要提高重点高校招收农村学生比例且国家专项招生计划数要提高到5万人,2015年继续实施农村贫困地区定向招生专项计划,2016年进一步扩大实施国家专项计划到5万人,2017年进一步扩大招生规模到6.3万人,2018—2022年国家专项计划招生数量开始维持稳定。

二、相关政策发展变化的特点

国家专项计划在实施的过程中,招生的"定向"要求一直没有变,但其实施区域、招生规模、招生院校、定向招收对象与报考条件发生了变化。从实施区域上看,国家专项计划从2012年的680个集中连片特殊困难县扩大为2013年的832县(包括所有国家级扶贫开发重点县,含新疆生产建设兵团在内的新疆南疆三地州的22个团场),以及重点高校录取比例相对较低的河北、山西、安徽、河南、广东、广西、四川、贵州、云南、甘肃等省(区、市),实施范围主要集中在连片特殊困难县、国家级扶贫开发重点县,以及新疆南疆三地州学生。从招生规模来看,国家专项计划招生人数呈现持续平稳上升趋势,招生专业的限制逐渐放开,从最初的农林、水利、地矿、师范、医学及其他农村基础社会发展急需专业扩展为所有专业,承担高校数量与质量逐年提高,从2012年的222所中央部属高校和在本科一批招生的地方高校提高到中央部属高校和各省(区、市)所属重点高校,原有的高职计划被取消。另外,"国家专项计划"的实施过程中，各高校根据国家与农村贫困地区实际需要灵活实施定向招生计划。"国家专项计划"实施区域、招生规模、承担高校统计如表1-1所示。

表1-1 "国家专项计划"实施区域、招生规模、承担高校统计

年份	实施区域	招生规模	承担高校
2012	680个集中连片特殊困难县	10 000人（高职计划2 100名）	（本科计划）222所中央部门高校和在本科一批招生的地方高校承担，（高职计划）国家示范性（含骨干）高等职业学校承担
2013	832个县（包括所有国家级扶贫开发重点县，含新疆生产建设兵团在内的新疆南疆三地州的22个团场），以及重点高校录取比例相对较低的河北、山西、安徽、河南、广东、广西、四川、贵州、云南、甘肃等省（区、市）	32 100人（高职计划2 100名）	本科计划扩大到263所，覆盖所有"211工程"学校和108所中央部属高校
2014	832个贫困县（包括所有集中连片特殊困难县和国家级扶贫开发重点县，含新疆生产建设兵团在新疆南疆三地州的22个团场），以及重点高校录取比例相对较低的河北、山西、安徽、河南、广东、广西、四川、贵州、云南、甘肃等省（区、市）	50 000人	由中央部门高校和地方"211工程"高校为主的本科一批招生学校承担
2015	832个贫困县（包括所有集中连片特殊困难县和国家级扶贫开发重点县，含新疆生产建设兵团在新疆南疆三地州的22个团场），以及重点高校录取比例相对较低的河北、山西、安徽、河南、广东、广西、四川、贵州、云南、甘肃等省（区、市）	50 000人	由中央部门高校和地方"211工程"高校为主的本科一批招生学校承担
2016	集中连片特殊困难县、国家级扶贫开发重点县，以及新疆南疆四地州	60 000人	中央部门和地方本科一批招生为主的学校承担
2017	集中连片特殊困难县、国家级扶贫开发重点县，以及新疆南疆四地州	63 000人	中央部门高校和各省（区、市）所属重点高校

续表

年份	实施区域	招生规模	承担高校
2018—2021	集中连片特殊困难县、国家级扶贫开发重点县，以及新疆南疆四地州	—	中央部门高校和各省（区、市）所属重点高校
2022	集中连片特殊困难县、国家级扶贫开发重点县，以及新疆南疆四地州	约137 000人	中央部门高校和各省（区、市）所属重点高校

三、国家政策的发展趋势

（一）国家专项计划政策成熟

相较于地方专项计划和高校专项计划的方兴未艾，国家专项计划在政策层面逐渐成熟，有关规定逐步明确。2012年五部门联合发文为国家专项计划指明了方向。以最初指导性的、纲领性的文件为主要内容，经过10年的调整，发展到2022年，国家专项计划在规章制度层面逐渐成熟。

（二）计划招生规模逐渐扩大

"国家专项计划"的计划招生人数呈现逐年增长的趋势。根据教育部数据显示，计划招生人数从最初2012年的1万人，增加到2022年重点高校招收农村和（原贫困）地区学生专项计划招生的13.7万人（如表1-2所示）。同时，国家专项计划在保持规模逐年扩大的同时，变化幅度逐年减弱，这也表明国家专项计划经过长期的调整发展，逐渐趋于稳定，政策实施进入成熟期。其中，2012—2017年数据来源于教育部文件，2018年之后的数据教育部官网并未披露，2022年数据来源于相关新闻报道。

表1-2 国家专项计划历年计划招生人数

年份	招生计划/人	变化幅度/%
2012	10 000	—
2013	32 100	221
2014	50 000	56

续表

年份	招生计划/人	变化幅度/%
2015	50 000	0
2016	60 000	20
2017	63 000	5
2022	约 137 000	—

（三）招生学校的质量逐年提高

国家专项计划从最初的招生学校方面以"本科一批招生计划为主、高职计划为辅"，发展到 2014 年 50 000 名的计划学生均由中央部门高校和地方"211 工程"学校为主的本科一批招生高校承担，再到 2017 年国家专项计划的招生学校为中央部门高校和各省（区、市）所属重点高校，实施学校质量显著提高。

四、地方政策的差异

各省关于高等教育招收农村和贫困地区学生工作的通知，均是在教育部发文的基础上结合本省实际情况出台的明确化实施方案，内容上有所差异。以各省 2022 年发布的文件为研究对象，以下将从实施区域、报考条件和招生办法三个层面进行分析。

（一）实施区域

通过对比近年来各省有关重点高校招收农村和贫困地区学生工作专项计划的通知，可以发现全国 34 个省级行政区中，集中连片特殊困难县、国家级扶贫开发重点县，以及南疆四地州所在的 22 个省份都出台了与国家专项计划相关的文件。同时，有关文件都进一步申明了国家专项计划在本地区的实施区域。

（二）报考条件和招生办法

22个相关省份在本地区文件中重申了教育部文件中所规定的条件。各省（区、市）严格执行教育部文件中所确定的方法，实行单报志愿、单设批次、单独划线，不需要考生单独向高校报名和递交其他材料。只是在志愿填报和投档模式以及志愿设置问题上，各省（区、市）根据实际情况设计了不同的形式和方法，如按考生根据学校的层次和限制条件，将国家专项计划在本科提前批中划A段、B段、C段录取，A段为有特殊要求的国家专项计划等特殊类型的招生，B段为部属及省外院校国家专项计划，C段为省属院校国家专项计划。

第二节　政策实施现状

一、报考条件

教育部最新公布的报考条件为：国家专项计划定向招收贫困地区学生。招生学校为中央部属高校和各省（区、市）所属重点高校，实施区域为集中连片特殊困难县、国家级扶贫开发重点县及新疆南疆四地州。报考学生须同时具备下列三项条件：①符合统一高考报名条件；②本人具有实施区域当地连续3年以上户籍，其父亲或母亲或法定监护人具有当地户籍；③本人具有户籍所在县高中连续3年学籍并实际就读。

根据中央有关文件精神，国家专项计划实施区域的贫困县脱贫后仍可继续享受国家专项计划政策。有关省（区、市）要严格执行国家专项计划确定的实施区域，不得擅自扩大范围。有关省级招生考试机构须将本省（区、市）确定的高校专项计划实施区域提供给有关高校。各省（区、市）可根据上述报考条件要求，制订具体报名实施细则。

二、招生办法

严格执行国家专项计划招生办法。国家专项计划招生办法按照教育部等部门《关于实施面向贫困地区定向招生专项计划的通知》（教学〔2012〕2号）要求执行，在本科一批前开始投档录取，录取分数原则上不低于招生学校普通类招生所在批次录取控制分数线。对于合并本科录取批次的有关省份，国家专项计划在本科批次前开始投档录取，录取分数不低于本科批次录取控制分数线。高校同批次内生源不足时，不得将未完成的专项计划调整为普通计划，应通过多次公开征集志愿方式录取或调整至有合格生源的省份录取。经征集志愿仍未完成的计划，应适当降分录取。对有政审、面试、体检等特殊招生要求的高校或专业可安排在提前批次录取。

三、招生主体

2020年前，我国国家专项计划不断完善，招生主体从2012年政策中的680个集中连片特殊困难县转变为2013年政策中提到的832个县及重点高校录取比例相对较低的省、区，再到2016年政策中的集中连片特殊困难县、国家级扶贫开发重点县及新疆南疆四地州，2020年全面脱贫之后，国家专项计划的招生主体依旧重点扶持发展较为落后的地区，脱贫摘帽后的地区依旧可以报考国家专项计划。

四、实施过程中的问题

根据各个高校公布的国家专项计划的分省数据与高考实际录取国家专项计划数，出现了高校在某些省份爆冷的情况。例如，上海交通大学理工类国家专项计划中，上海交通大学计划招生人数2人，已投数1人，已投考生最低分为

433 分。在国家专项计划的实施过程中，有些高校会采取大类招生，其中包含一些冷门专业或者弱势专业，这就导致了很多学生不太敢报考国家专项计划。国家专项计划在招生的过程中主要存在以下问题。

第一，招生面向的区域比较少，并不是全国范围内进行招生，所以有些地区的贫困学生不能报考。该计划是面向国家贫困地区的学生，这些地区教育资源本来就很薄弱，教学水平相对较差，学生高考整体成绩一般。另外还有严格的条件，其中一点是本人具有户籍所在县（市、区）高中连续 3 年学籍且实际就读。这一点就让本来符合国家专项计划的一些成绩好的考生一下变得不符合了，因为这些地区成绩好的学生早被地级市或者省会城市的好学校挖走了。

第二，招生专业相对有限，有些学校可能会拿出一些冷门专业或通过大类招生来进行招生，可供选择的专业较少，导致部分省份出现爆冷。例如，从宁夏公布的 2022 年国家专项计划投档线来看，多所"双一流"高校投档线低于500 分，其中中国农业大学投档线 456 分、大连理工大学投档线 467 分、吉林大学投档线 476 分、上海交通大学投档线 433 分、同济大学投档线 430 分、中国海洋大学投档线 477 分、中南大学投档线 477 分、中山大学投档线 463 分、华南理工大学投档线 483 分、四川大学投档线 497 分、西安交通大学投档线 460 分。

第三，专项计划政策宣传较少，部分学生不了解国家专项计划。

第三节　招生成效分析

国家专项计划的实施主体为中央部门所属高校和各省（区、市）所属重点高校，2022 年承担国家专项计划的高校共 200 余所，由于数据收集困难，本书选取"双一流"建设中一流大学建设高校名单中的 A 类高校 36 所❶，统计这些高校 2022 年国家专项计划的分省计划来进行比较。

一、2022 年高校分省招生计划分析

考虑到数据的可获得性，本书选取了中国人民大学、北京航空航天大学、北京理工大学、中国农业大学、北京师范大学、中央民族大学、南开大学、天津大学、复旦大学、同济大学、上海交通大学（不含校医院）、中国科学技术大学、厦门大学、山东大学、武汉大学、华中科技大学、中南大学、中山大学、四川大学、西安交通大学、东南大学、重庆大学、华南理工大学、电子科技大学、大连理工大学、吉林大学、哈尔滨工业大学、华东师范大学、中国海洋大学、西北工业大学 30 所"双一流"高校的国家专项计划数据，表 1-3 为这些高校国家专项计划（表 1-3 中简称为国专）数量与非国家专项计划数量（表 1-3 中简称为非国专）的占比情况。

表 1-3　2022 年 30 所"双一流"A 类高校分省招生计划对比

单位：%

省份	国专/总招生数	非国专/总招生数	国专/非国专数
河北	5.3	94.7	5.6
山西	3.3	96.7	3.4
内蒙古	8.7	91.3	9.5
吉林	0.9	99.1	0.9
黑龙江	3.1	96.9	3.2
安徽	12.7	87.3	14.5

---

❶ 36 所"双一流"A 类高校名单为：北京大学、中国人民大学、清华大学、北京航空航天大学、北京理工大学、中国农业大学、北京师范大学、中央民族大学、南开大学、天津大学、大连理工大学、吉林大学、哈尔滨工业大学、复旦大学、同济大学、上海交通大学、华东师范大学、南京大学、东南大学、浙江大学、中国科学技术大学、厦门大学、山东大学、中国海洋大学、武汉大学、华中科技大学、中南大学、中山大学、华南理工大学、四川大学、电子科技大学、重庆大学、西安交通大学、西北工业大学、兰州大学、国防科技大学。

续表

省份	国专/总招生数	非国专/总招生数	国专/非国专数
江西	10.3	89.7	11.5
河南	13.5	86.5	15.6
湖北	8.5	91.5	9.3
湖南	10.8	89.2	12.1
广西	8.3	91.7	9.1
海南	2.8	97.2	2.9
重庆	8.3	91.7	9.1
四川	8.5	91.5	9.3
贵州	23.2	76.8	30.2
云南	20.8	79.2	26.3
西藏	21.8	78.2	27.8
陕西	11.9	88.1	13.5
甘肃	35.0	65.0	53.8
青海	14.0	86.0	16.3
宁夏	11.0	89.0	12.4
新疆	10.0	90.0	11.1

注：国专，指国家专项计划；非国专，指非国家专项计划。

从表1-3中30所高校分省招生计划对比来看，22个省（区、市）中国家专项计划招生计划与非国家专项计划招生计划的比例不低于1/10的省（区、市）有12个，其中贵州、云南、西藏、甘肃四个西部省份的比例均高于1/5，在比例低于1/10的省份中，山西、吉林、黑龙江、海南省份国家专项计划与非国家专项计划比例均低于1/20，最低的为吉林。2022年30所"双一流"A类高校国家专项计划分省数量如表1-4所示。

另外，本节参考了大学所在的省份，以及国家专项计划实施的22个省（区、市），梳理了"双一流"A类大学给其所在省（区、市）的国家专项名额，得到11所高校的数据（如表1-5所示）。这11所高校所在的省份在国专实施的22个省（区、市）中，从表1-5中关于2022年"双一流"A类高校国家专

表 1-4 2022 年 30 所"双一流"A 类高校国家专项计划分省数量

单位/人

学校	河北	山西	内蒙古	吉林	黑龙江	安徽	江西	河南	湖北	湖南	广西	海南	重庆	四川	贵州	云南	西藏	陕西	甘肃	青海	宁夏	新疆
中国人民大学	8	8	2	1	4	18	13	30	10	15	7	0	11	16	12	18	3	17	19	3	3	2
北京航空航天大学	8	2	9	1	3	18	15	31	12	15	11	1	11	16	30	20	2	16	32	3	4	6
北京理工大学	4	2	7	0	3	19	13	29	13	14	7	1	10	15	25	18	2	23	23	5	4	5
中国农业大学	9	4	7	0	4	23	16	35	14	18	10	1	14	20	29	24	2	19	27	4	3	7
北京师范大学	8	8	7	2	5	0	12	15	8	15	15	0	10	14	15	10	4	7	6	8	4	4
中央民族大学	4	0	4	0	0	8	6	12	6	10	5	2	6	8	15	14	2	7	14	0	0	11
南开大学	5	2	6	3	4	22	14	40	13	17	0	0	9	22	25	21	3	18	21	5	4	4
天津大学	9	2	6	1	3	24	18	37	12	21	9	2	12	24	27	26	2	18	33	4	4	7
复旦大学	6	0	7	0	3	10	8	13	8	10	11	1	6	12	14	9	0	13	13	3	3	3
同济大学	9	3	7	2	3	28	22	23	13	20	10	0	13	19	26	30	2	18	37	4	5	7
上海交通大学	5	5	6	0	0	22	20	38	9	18	8	0	11	20	20	18	4	15	25	3	2	4
中国科学技术大学	5	4	6	0	2	16	8	10	8	11	8	0	10	5	11	10	0	6	17	2	2	1
厦门大学	10	3	7	1	3	26	17	38	13	20	13	0	14	26	32	26	3	20	34	5	4	7
山东大学	5	2	5	1	2	15	10	24	9	11	7	2	9	14	20	15	5	13	21	2	3	7
武汉大学	15	9	11	2	5	38	22	43	113	32	16	2	22	26	26	23	0	24	24	3	6	8

续表

学校	河北	山西	内蒙古	吉林	黑龙江	安徽	江西	河南	湖北	湖南	广西	海南	重庆	四川	贵州	云南	西藏	陕西	甘肃	青海	宁夏	新疆
华中科技大学	15	5	6	2	5	35	26	48	140	28	14	2	20	25	40	30	4	30	43	5	7	11
中南大学	6	8	5	2	3	43	27	78	16	64	19	1	19	41	54	48	5	26	64	15	4	15
中山大学	22	7	13	2	6	43	29	67	28	35	20	2	28	37	53	43	5	37	56	7	8	12
四川大学	19	6	13	8	7	45	29	75	25	36	20	1	26	102	53	44	5	38	59	7	8	14
西安交通大学	18	19	7	2	3	17	19	26	12	20	15	2	16	20	19	23	2	25	17	4	5	9
东南大学	8	2	6	0	3	21	13	34	12	16	9	1	12	17	26	21	2	17	27	3	4	6
重庆大学	13	4	10	0	5	32	21	53	18	26	14	4	18	30	43	35	4	28	45	5	5	7
华南理工大学	13	4	9	0	5	32	20	50	18	25	14	1	18	27	41	33	1	27	42	5	5	12
电子科技大学	22	10	14	3	8	20	10	36	15	18	7	1	23	55	28	32	3	29	37	4	4	13
大连理工大学	6	2	4	0	2	18	10	33	11	16	6	4	14	19	26	20	3	23	31	3	5	7
吉林大学	20	7	14	2	7	51	34	81	28	40	22	0	28	43	60	50	6	42	65	7	8	15
哈尔滨工业大学	11	0	8	6	12	17	15	24	12	15	6	0	12	15	21	17	5	17	32	8	6	9
华东师范大学	9	0	9	0	3	24	16	30	0	14	12	0	21	21	19	18	0	11	22	2	4	5
中国海洋大学	8	2	6	0	3	19	12	30	11	15	8	2	10	16	25	19	2	16	25	3	3	5
西北工业大学	8	3	5	0	0	19	14	30	11	18	7	0	10	21	30	23	3	20	31	4	4	5
合计	308	133	226	41	116	723	509	1113	618	633	327	28	443	746	865	738	84	620	942	136	131	228

项计划分省数量还可以看到大部分高校对其所在省的国家专项计划投放的名额更多。本省份国专招生数占全部国专数比例大于 10% 的高校有中国科学技术大学、武汉大学、华中科技大学、中南大学、四川大学、电子科技大学。其中华中科技大学本省招生数占比最高，华中科技大学在湖北省的国家专项计划数为 140 人，占其总国家专项计划数量的 25.9%。排名第二的是武汉大学，武汉大学在湖北省的国家专项计划数为 113 人，占其总国家专项计划数量的 24%。排名第三的是四川大学，四川大学在四川省的国家专项计划数为 102 人，占其总国家专项计划数量的 15.9%。排名第四的是电子科技大学，电子科技大学在四川省的国家专项计划数为 55 人，占其总国家专项计划数量的 14%。排名第五和第六的分别是中南大学和中国科学技术大学，中南大学在湖南省的国家专项计划数为 64 人，占总国家专项计划数量的 11.4%，中国科学技术大学在安徽省的国家专项计划数为 16 人，占总国家专项计划数量的 11.3%。占比最低的是吉林大学，本省国专招生数占全部国专数比例仅为 0.3%。

表 1-5　2022 年"双一流"A 类高校国家专项计划属地统计

学校	所在省份	所在省份招生数 / 人	全部国专数 / 人	本省国专招生数 / 全部国专数 /%	其他省国专计划数 / 全部国专数 /%
中国科学技术大学	安徽	16	142	11.3	88.7
武汉大学	湖北	113	470	24.0	76.0
华中科技大学	湖北	140	541	25.9	74.1
中南大学	湖南	64	563	11.4	88.6
四川大学	四川	102	640	15.9	84.1
西安交通大学	陕西	25	300	8.3	91.7
重庆大学	重庆	18	420	4.3	95.7
电子科技大学	四川	55	392	14.0	86.0
吉林大学	吉林	2	630	0.3	99.7
哈尔滨工业大学	黑龙江	12	268	4.5	95.5
西北工业大学	陕西	20	266	7.5	92.5

从图 1-1 中国家专项计划分地区❶对比分析得到，各高校对中西部投放的国家专项计划数量要显著高于东部，西部省份国家专项计划数量为 5486 人，中部计划数为 3886 人，东部计划数为 336 人，东部省份国家专项计划招生总数不足西部省份的 10%。农村贫困专项招生政策面向中西部省份的招生计划倾斜，强化对农村高等教育公平的补偿效果，为中国推进高等教育公平做出了努力，农村贫困专项招生政策按照单独切割招生计划的方式展开，避免了对其他群体获得优质教育资源的直接剥夺（陈文等，2015）。

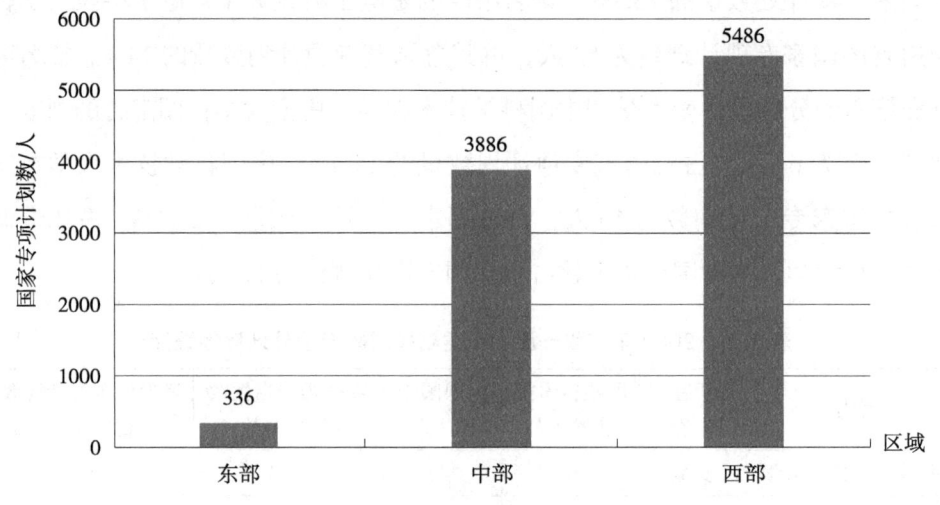

图 1-1　2022 年国家专项计划分地区对比

综上，从"双一流"A 类高校所展示出的数据，我国专项计划名额的投放比例与省级行政单位的发展水平、考生规模相关，以及省际国家专项计划生所占全部招生数比例差距较大，地区分布不均。在国家专项计划推动城乡教育公平的同时，不仅是东西中部教育资源分配不均，甚至是省际教育资源分配不均，这也在一定程度上抵消了国家专项计划推动教育区域公平化的作用。

---

❶ 根据国家相关文件区域划分：东部地区包括 11 个行政区域，即北京、天津、河北、辽宁、上海、江苏、浙江、福建、山东、广东、海南；中部地区包括 8 个行政区域，即山西、吉林、黑龙江、安徽、江西、河南、湖北、湖南；西部地区包括 12 个行政区域，即四川、重庆、贵州、云南、西藏、陕西、甘肃、青海、宁夏、新疆、广西、内蒙古。

二、国家专项计划数量及分布变化情况

由于数据获取的难度，本书结合已有学者统计的 2014 年、2015 年国家专项计划数据（曹妍等，2018），并搜集 2022 年的国家专项计划数据，进一步进行对比分析国家专项计划在 36 所"双一流"A 类高校的实施情况。由于承担国家专项计划的高校数量众多，考虑到数据的可获得性，本节统计了 14 所高校——北京航空航天大学、北京理工大学、大连理工大学、华中科技大学、南开大学、厦门大学、山东大学、四川大学、天津大学、西安交通大学、中国海洋大学、中国科学技术大学、中国农业大学、中国人民大学 2014 年、2017 年、2022 年的国家专项计划分省招生计划数，总的招生计划数如图 1-2 所示。

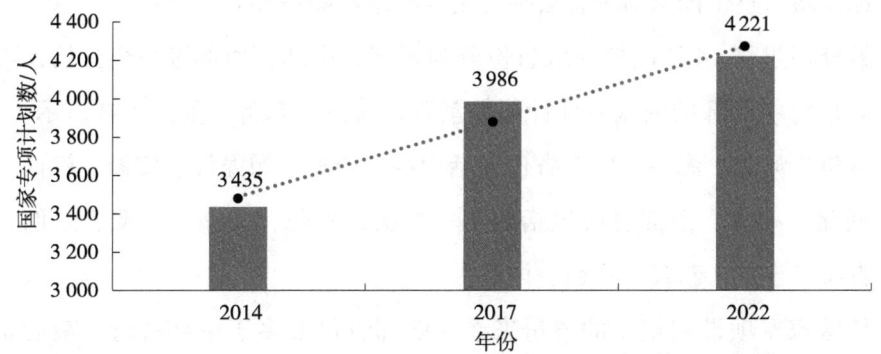

图 1-2　2014 年、2017 年、2022 年 14 所高校总国家专项计划数量对比

可以看到部分高校这三年间的政策维持稳定，从总的国专计划数来看，中国人民大学、天津大学、中国海洋大学在 2014 年、2017 年、2022 年的招生总数没有发生变化，其中中国人民大学这三年的总国专数量均为 220 人，天津大学这三年的总国专数量均为 300，中国海洋大学这三年的总国专数量均为 240 人。另外北京航空航天大学在 2017 年和 2022 年的国家专项计划数量均为 266 人，没有发生变化。其中最为稳定的是天津大学，天津大学在 2017 年、2022 年的各个高校的分省计划数量没有发生任何变化。其他高校在各个省份有细微名额分配的调整，

分省招生数量总体上呈现上升趋势。从图 1-2 可知，14 所高校在 22 个省份的国家专项计划数量不断上升，从 2014 年的 3435 人，增加到 2017 年的 3986 人，再到 2022 年的 4221 人。尽管我国已在 2020 年完成脱贫攻坚目标任务，但是追求教育公平的政策导向没有改变，反而加大了国家专项计划的扶持力度。各个高校在 2014 年、2017 年、2022 年的具体分省招生数据如表 1-6 所示。

三、招生生源省份分析

通过加总 14 所高校在各个省份的国家专项计划的计划数（如表 1-6 所示），得到表 1-7 所示的结果。在这 14 所高校中，多数省份国家专项计划招生数均有所上升，并且西部省份计划数量更多。各个省份国家专项计划数量的上升，也反映出整个国家对教育公平的投入程度不断增加。

另外通过将 14 所高校录取省份分为东部、中部、西部进一步分析，可以看到高校对中西部的国家专项计划数量要显著高于东部（如图 1-3 所示）。东部省份包括河北、海南，中部省份包括山西、吉林、黑龙江、安徽、江西、河南、湖北、湖南，西部省份包括四川、重庆、贵州、云南、西藏、陕西、甘肃、青海、宁夏、新疆、广西、内蒙古。

从国家专项计划招生的省份来看，西部省份要多于中部省份，最后是东部省份。统计分析结果表明，国家专项计划的数量在中西部省份计划数连年增加，并且在西部省份中国家专项计划招生数也显著高于中部和东部（如表 1-8、图 1-4 所示）。

表 1-6 2014 年、2017 年、2022 年国家专项计划分省计划

单位：人

2014 年 14 所高校分省国家专项计划分省计划

学校	河北	山西	内蒙古	吉林	黑龙江	安徽	江西	河南	湖北	湖南	广西	海南	重庆	四川	贵州	云南	西藏	陕西	甘肃	青海	宁夏	新疆
北京航空航天大学	7	5	7	1	3	16	9	13	9	11	6	1	9	12	21	16	0	15	21	3	3	5
北京理工大学	7	5	6	1	3	15	9	12	9	11	6	1	9	12	20	16	2	14	20	3	2	2
大连理工大学	14	10	0	0	0	20	8	20	10	12	6	1	6	14	20	16	1	10	16	2	2	2
华中科技大学	14	8	7	2	3	28	24	30	64	29	17	2	17	24	25	22	2	21	17	4	5	5
南开大学	15	9	8	2	4	12	10	15	12	12	10	3	10	14	15	15	1	15	15	0	3	0
厦门大学	16	9	10	6	6	24	15	23	16	13	11	2	9	16	22	17	3	19	17	10	8	8
山东大学	10	8	10	0	4	26	14	22	15	17	10	2	14	19	33	26	4	24	32	3	4	3
四川大学	14	11	15	2	6	38	21	36	22	21	14	2	20	30	48	38	5	35	48	5	6	5
天津大学	21	15	10	8	10	15	10	18	10	12	8	0	8	12	16	14	0	18	21	3	4	7
西安交通大学	12	13	3	3	3	11	13	13	13	13	4	1	5	13	11	10	0	55	17	3	6	8
中国海洋大学	10	10	8	10	6	14	10	14	10	10	12	4	6	14	10	10	0	10	12	6	6	4
中国科学技术大学	5	4	8	0	2	11	8	6	8	4	5	0	7	5	18	7	0	6	17	2	2	2
中国农业大学	11	10	11	2	6	22	10	24	13	13	12	2	10	21	21	19	2	18	24	2	2	7
中国人民大学	9	9	10	0	9	16	9	21	10	10	10	0	13	17	12	18	0	17	16	0	5	9

续表

2017年14所高校分省国家专项计划分省计划

学校	河北	山西	内蒙古	吉林	黑龙江	安徽	江西	河南	湖北	湖南	广西	海南	重庆	四川	贵州	云南	西藏	陕西	甘肃	青海	宁夏	新疆
北京航空航天大学	8	2	9	1	3	18	15	31	12	15	11	1	11	16	30	20	2	16	32	3	4	6
北京理工大学	8	2	7	0	3	19	13	29	12	14	7	1	10	15	25	19	2	16	32	3	4	5
大连理工大学	6	2	4	0	1	16	7	31	9	14	6	1	11	14	26	20	3	23	31	4	4	7
华中科技大学	15	5	10	1	5	36	26	58	90	28	16	1	20	30	43	35	4	30	47	5	7	11
南开大学	7	2	5	0	3	19	12	30	11	15	8	1	10	16	23	19	2	15	20	3	3	6
厦门大学	10	3	7	1	3	26	17	38	13	20	9	1	12	26	32	26	3	20	34	5	4	7
山东大学	6	2	5	1	2	15	10	25	9	12	0	0	9	13	20	15	5	13	21	2	3	5
四川大学	19	6	11	2	7	45	29	75	25	36	20	1	26	38	53	44	5	38	59	7	8	14
天津大学	9	2	6	1	3	24	18	37	12	21	9	1	12	24	27	26	2	18	33	4	4	7
西安交通大学	11	2	6	1	3	21	13	34	12	16	9	1	12	17	25	20	2	19	27	3	3	6
中国海洋大学	8	2	6	0	3	19	12	30	11	15	8	1	11	16	25	19	2	16	25	3	3	5
中国科学技术大学	5	4	6	0	2	16	8	10	8	11	8	0	10	5	18	10	0	6	17	2	2	2
中国农业大学	8	3	6	0	3	21	13	32	12	16	0	1	12	18	27	0	2	17	27	3	3	6
中国人民大学	7	9	5	1	3	17	13	23	10	14	7	1	10	16	14	19	3	19	19	3	4	3

续表

2022 年 14 所高校分省国家专项计划分省计划

学校	河北	山西	内蒙古	吉林	黑龙江	安徽	江西	河南	湖北	湖南	广西	海南	重庆	四川	贵州	云南	西藏	陕西	甘肃	青海	宁夏	新疆
北京航空航天大学	8	2	9	1	3	18	15	31	12	15	11	1	11	16	30	20	2	16	32	3	4	6
北京理工大学	4	2	7	0	3	19	13	29	13	14	7	1	10	15	25	18	2	23	23	5	4	5
大连理工大学	6	2	4	0	2	18	10	33	11	16	6	1	14	19	26	20	3	23	31	3	5	7
华中科技大学	15	5	6	2	5	35	26	48	140	28	14	2	20	25	40	30	4	30	43	5	7	11
南开大学	5	2	6	3	4	22	14	40	13	17	0	2	9	22	25	21	3	18	21	5	4	4
厦门大学	10	3	7	1	3	26	17	38	13	20	10	1	14	26	32	26	3	20	34	5	4	7
山东大学	5	2	5	1	2	15	10	24	9	11	7	0	9	14	20	15	5	13	21	2	3	7
四川大学	19	6	13	8	7	45	29	75	25	36	20	1	26	102	53	44	5	38	59	7	8	14
天津大学	9	2	6	1	3	24	18	37	12	21	9	2	12	24	27	26	2	18	33	4	4	7
西安交通大学	18	19	7	2	3	17	19	26	12	20	15	2	16	20	19	23	2	25	17	4	5	9
中国海洋大学	8	2	6	0	3	19	12	30	11	15	8	2	10	16	25	19	2	16	25	3	3	5
中国科学技术大学	5	4	6	0	2	16	8	10	8	11	10	0	10	5	11	10	0	6	17	2	2	1
中国农业大学	9	4	7	0	4	23	16	35	14	18	10	2	14	20	29	24	2	19	27	4	3	7
中国人民大学	8	8	2	1	4	18	13	30	10	15	7	0	11	16	12	18	3	17	19	3	3	2

表 1-7 2014 年、2017 年、2022 年 14 所高校国家专项计划分省统计

单位：人

省份	2014 年	2017 年	2022 年
河北	165	127	129
山西	126	46	63
内蒙古	113	93	91
吉林	37	9	20
黑龙江	65	44	48
安徽	268	312	315
江西	170	206	220
河南	267	483	486
湖北	221	246	303
湖南	188	247	257
广西	131	118	132
海南	21	12	15
重庆	143	176	186
四川	223	264	340
贵州	292	388	374
云南	244	292	314
西藏	20	37	38
陕西	277	266	282
甘肃	293	424	402
青海	46	50	55
宁夏	58	56	59
新疆	67	90	92

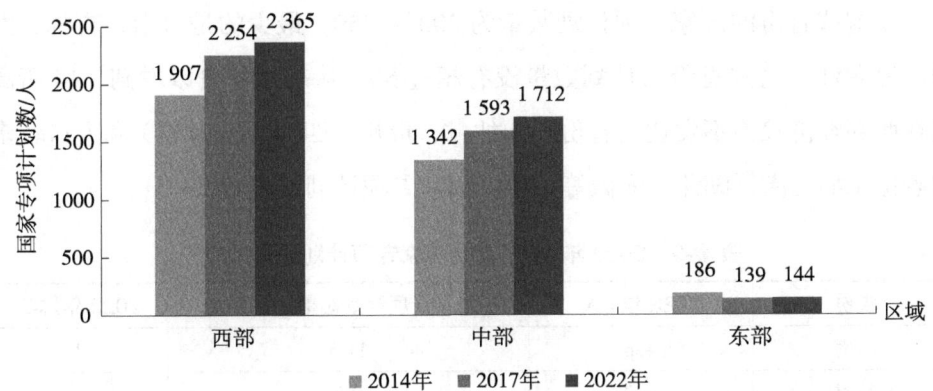

图 1-3　2014 年、2017 年、2022 年 14 所高校国家专项计划分区统计总和

表 1-8　2014 年、2017 年、2022 年 14 所高校国家专项计划分区统计

单位：人

区域	2014 年	2017 年	2022 年
西部	1 907	2 254	2 365
中部	1 342	1 593	1 712
东部	186	139	144

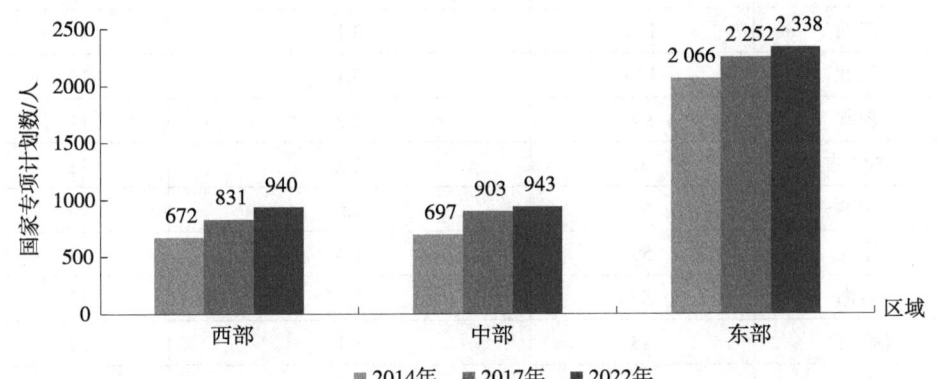

图 1-4　2014 年、2017 年、2022 年 14 个高校分区域国专计划数

根据最新 2022 年数据，对各个省份的国家专项计划数量进行了统计，如表 1-9 所示，各个高校的国家专项名额在河南、甘肃、贵州最多，这十四所高校在这些省份的国家专项计划数超过了 350，接下来是四川、安徽、云南、湖

北,在这些省份的国家专项计划数量为 300 ~ 350,最少的是海南、吉林、西藏、黑龙江,这些省份的计划数量没有超过 50。从表 1-9 可以看到,14 所高校在西部经济较为不发达的省份(如甘肃、贵州、四川、云南等)和人口较多的省份(如河南、湖北、安徽等)中,国家专项计划数量较多。

表 1-9　2022 年 14 所高校国家专项计划分省排序

省份	2022 年 / 人	占国家专项计划总数的比例 /%	2022 年排名
河南	486	11.5	1
甘肃	402	9.5	2
贵州	374	8.9	3
四川	340	8.1	4
安徽	315	7.5	5
云南	314	7.4	6
湖北	303	7.2	7
陕西	282	6.7	8
湖南	257	6.1	9
江西	220	5.2	10
重庆	186	4.4	11
广西	132	3.1	12
河北	129	3.1	13
新疆	92	2.2	14
内蒙古	91	2.2	15
山西	63	1.5	16
宁夏	59	1.4	17
青海	55	1.3	18
黑龙江	48	1.1	19
西藏	38	0.9	20
吉林	20	0.5	21
海南	15	0.4	22

四、招生高校所在省份分析

通过加总各个学校在 22 个省份的国家专项计划招生数，得到表 1-10 所示的结果。从表 1-10 可以看到，各个高校的国家专项计划数逐年增加。例如，华中科技大学的国家专项计划数量从 2014 年的 370 人增加到了 2017 年的 523 人，到 2022 年为 541 人；四川大学从 2014 年的 442 人增加到 2017 年的 564 人，又增加到 2022 年的 640 人。2017—2022 年部分高校开始维持稳定，例如，北京航空航天大学、天津大学、中国海洋大学、中国人民大学在 2017 年和 2022 年的招生计划保持持平（如表 1-10 所示）。

表 1-10　2014 年、2017 年、2022 年 14 所高校国家专项计划分校统计

单位：人

学校	2014 年	2017 年	2022 年
北京航空航天大学	193	266	266
北京理工大学	185	246	242
大连理工大学	190	240	260
华中科技大学	370	523	541
南开大学	200	230	260
厦门大学	280	317	320
山东大学	300	193	200
四川大学	442	568	640
天津大学	240	300	300
西安交通大学	230	263	300
中国海洋大学	196	240	240
中国科学技术大学	127	150	142
中国农业大学	262	230	290
中国人民大学	220	220	220

将 14 所招生高校根据其所在行政单位分西部、中部、东部，有 2 所高校所在地在西部、3 所高校在中部，9 所高校在东部。

样本统计的高校分布也和我国总体情况相似,由于东部地区经济发展水平较高,教育资源相对中西部而言更优质,高校数量也更多,可以看到东部高校给予的国家专项计划数量也更多,这也有利于教育资源在东西部之间流动(如表1-11所示)。

表1-11　2014年、2017年、2022年14所高校分区统计总和

单位:人

区域	2014年	2017年	2022年
西部	672	831	940
中部	697	903	943
东部	2 066	2 252	2 338

根据2022年14所高校的国家专项计划招生数,得到以下高校的排序,如表1-12所示,招生前五名的是四川大学、华中科技大学、厦门大学、天津大学、西安交通大学,这些高校的国家专项计划数量均超过了300人,其中四川大学招生人数以640人位列第一名,国家专项计划数最少的为中国科学技术大学,仅142人。

表1-12　2022年14所高校国家专项计划招生数排序

学校	2022年国家专项计划招生数/人	排名
四川大学	640	1
华中科技大学	541	2
厦门大学	320	3
天津大学	300	4
西安交通大学	300	5
中国农业大学	290	6
北京航空航天大学	266	7
大连理工大学	260	8
南开大学	260	9
北京理工大学	242	10
中国海洋大学	240	11

续表

学校	2022年国家专项计划招生数/人	排名
中国人民大学	220	12
山东大学	200	13
中国科学技术大学	142	14

第四节 本章小结

长期以来，受各地基础教育发展不充分不平衡因素的制约，我国高等教育入学机会的不均等情况难以在短时间内彻底消除。但我国政府努力在现有高等教育资源总量的基础上，持续为社会弱势群体增加优质入学机会，不懈地促进我国高等教育事业的公平发展，其中国家专项计划的执行有力地保障着公平成效。

关于国家专项计划的研究，多位学者也深入思考了国家专项计划政策的实施效果。我国的专项计划政策具备一定的合理性，并且专项计划在促进教育公平中发挥了重要作用（余秀兰等，2016），重点高校招收农村学生专项计划也有显著的实施成效（崔盛等，2018）。总体而言，学者对专项计划的评论，既有肯定国家专项计划在补偿贫困学生入学机会的教育公平性，也有对专项政策不能从根本上解决问题的反思。

一方面，有学者指出专项计划政策是贯彻落实国家政策，补偿贫困地区学生入学机会的有效措施，甚至成为贫困地区学生入学的主要渠道。农村贫困专项招生政策为中国推进高等教育公平做出了努力（陈文等，2015），政策按照单独切割招生计划的方式展开，避免了对其他群体优质教育机会的直接剥夺，同时面向中西部省份的招生计划倾斜，取得了更强的农村高等教育公平的补偿效果。另一方面，部分学者认为专项计划只能缓解贫困地区教育现状，不能从根本上解决贫困地区的教育问题。专项计划只能增加部分成绩优秀的学生选择重点大学的机会，贫困地区成绩不优秀的学生难以通过政策获益，从而给贫困地区带来了新的不公平问题（戴邵瑛，2016）；招生过程中专项政策存在"反歧视"的现象，对其他考生不公平（秦一鸣，2015）。

还有一部分研究是基于国家专项计划政策实施效果的实证研究。有学者利用 2014 年、2015 年 37 所一流大学建设高校"国家专项"单列的招生数据从地区差异视角对补偿效果进行精准性分析，发现高校分省计划主要参考生源地的贫困规模和生源质量，但没有考虑到贫困程度（曹妍等，2018）。此外，高校对"国家专项计划"名额分配显著地依赖总体招生计划的选拔方式，这使优质高等教育入学机会较高的地区所获得的补偿机会反而更大。还有学者以某顶尖"双一流"建设高校"国家专项计划"名额分配机制为例，发现在省级层面具有"倾斜性"，经济与教育更加落后的省份获得了更多名额；政策在县级区域具有选拔性，经济与教育发展更好的贫困县获得了更多名额；在中学层面具有一定的均衡性，名额在县内高中间的分布并未过于集中；在学生层面具有补偿性，几乎所有被录取学生的高考成绩均低于统招分数线，且农村学生和贫困生占比远高于其他招生类型（马莉萍等，2021）。

总的来说，国家专项计划的推广为来自贫困地区学子打开了上升通道，体现了国家对于贫困地区教育发展的高度重视。实施国家专项计划是贯彻落实党中央、国务院关于新阶段扶贫宏观战略部署、促进教育公平的重要举措，是招生制度改革的重要组成部分，也是贫困地区增强自我能力发展的客观需要。2012 年国家专项计划实施至 2022 年，10 年来为贫困地区学生提供了更多进入高校的名额，在实现政策初衷的同时逐渐扩大政策惠及人口规模，为更多贫困学子提供更多进入优质高等学府学习高深知识和完善自我发展的机会，有效推动了教育公平化发展。

本章基于政策实施现状、政策梳理、实施主体与招生计划等方面分析了国家专项计划的实施成效，研究发现：

第一，国家专项计划在发展过程中招生规模不断扩大，招生政策趋于稳定，实施措施也更加人性化，从制度层面为贫困地区学子进入重点大学提供了支持和保障。

第二，从国家专项计划的实施主体来看，现阶段承担国家专项计划的高校主要是中央部属高校和各省（区、市）的重点高校，呈现出"东部多，中部少，西部极少"的不均衡特点。

第三，国家专项计划的招生过程非常明确，实行单报志愿、单设批次、单独划线、基本不增加额外的报考过程，为贫困地区考生提供了便利。

第四，国家专项计划在实施的过程中也存在一定的问题。例如，国家专项计划招生的专业都较为有限，出现部分高校在某些省份投档线爆冷的现象等。

本章参考文献

曹妍，张瑞娟，候玉娜，2018.补偿还是选拔？"国家专项计划"补偿机会在地区间分配的精准性分析［J］.中国高教研究，（8）：23-29.

陈文，宋小娇，2015.高等教育公平补偿政策优化前瞻——以农村贫困地区专项招生政策为例［J］.江苏高教，（1）：14-17.

崔盛，吴秋翔，2018.重点高校招收农村学生专项计划的实施成效与政策建议［J］.教育发展研究，（3）：18-25，50.

戴邵瑛，2016.教育公平视角下我国高校招收贫困地区和农村学生政策的分析［J］.亚太教育，（23）：78，77.

马莉萍，王严淞，卜尚聪，2021."双一流"建设高校"国家专项计划"名额的分配与获得——基于省、县、校、生四级视角的实证研究［J］.高等教育研究，（8）：45-52.

秦一鸣，2015.教育公平视野下国家扶贫定向招生专项计划政策初探［J］.学园，（22）：3-5.

余秀兰，白雪，2016.向农村倾斜的高校专项招生政策：争论、反思与改革［J］.高等教育研究，（1）：22-29.

第二章 高校专项计划政策现状分析

第一节 政策演进梳理

面向贫困地区定向招生专项计划（国家专项计划）之后，2014年我国开始实施重点高校招生农村学生的专项计划，称为高校专项计划（政策初期成为农村学生单独招生），拉开了我国重点高校向农村学生倾斜招生的序幕，催生了一场高考招生的"革命"。与国家专项计划所不同的是，高校专项计划由教育部直属高校和其他自主招生试点高校承担，专门招收边远、贫困、民族地区的县及县以下中学的农村学生，每年原则上录取人数不低于高校年度本科招生规模的2%，例如，清华大学"自强计划"、中国人民大学"圆梦计划"均属于其范畴。实际上早在2012年，清华大学、中国人民大学等高校就在自主招生的框架下自主实施类似政策。随着高校专项计划的不断推进与完善，圆了一大批农村学生上重点高校的梦想，对推进教育机会公平、促进社会纵向流动发挥了重要作用。

一、2014年首次实施"农村学生单独招生"

2014年，继国家专项计划后，教育部首次实施农村学生单独招生（也为后来的高校专项计划）。具体有以下要求：①报名条件：学生原则上符合当年普通高校统一考试招生报名条件、高中阶段具有在上述中学连续三年学籍并实际就读、具有农村户籍且家庭在农村的学生均可报考。②实施高校：直属高校和其他自主选拔录取改革试点高校。③招生名额：各高校专门安排一定数量的招生名额，原则上不低于高校年度本科招生规模的2%。④实施对象：边远、贫困、民族地区的县及县以下中学勤奋好学、成绩优良的农村学生。⑤招生办法：有关高校要结合农村学生特点及上述中学实际情况，参照自主选拔录取办法，研究制定报名、考核及录取办法，并于3月底前报教育部备案。❶

二、2015年逐步形成稳定的招生政策

继2014年首次实施高校专项计划后，2015年教育部出台的招生方案又进行了更为细致的规定与要求：适度增加招生计划；明确实施区域和考生其他报考条件；科学制订考核及录取办法；合理安排工作时间。具体内容如下。

（一）招生计划

教育部要求高校专项计划的招生名额不少于学校本科招生规模的2%，具体规模将在教育部的招生计划文件中明确。有关高校特别是农村学生占比相对较低的高校，要进一步加大工作力度，扩大招生名额，努力使本校农村学生占比明显提高。教育部直属高校要将调减的特殊类型招生名额优先安排高校专项计划。

（二）报考条件

申请考生及其父母或法定监护人户籍须在本省（区、市）实施区域的农村，本人须具有当地连续3年以上户籍和当地高中连续3年学籍并实际就读、符合当年统一高考报名条件。

---

❶ 教育部. 教育部关于做好2014年提高重点高校招收农村学生比例工作的通知［EB/OL］.（2014-03-10）［2021-05-10］. http://old.moe.gov.cn//publicfiles/business/htmlfiles/moe/s3258/201404/xxgk_167124.html.

（三）实施区域

高校专项计划主要招收边远、贫困、民族等地区县（含县级市）以下高中勤奋好学、成绩优良的农村学生。有关省（区、市）根据上述要求确定具体实施区域。考生户籍、学籍资格审核办法由有关省（区、市）研究确定。已经完成或正在推进户籍制度改革的地区，要根据《国务院关于统计上划分城乡规定的批复》（国函〔2008〕60号）有关要求，以及国家统计局公布的最新年度《统计用区划代码》和《统计用城乡划分代码》，确定考生户籍地区范围。

（四）招生办法

有关高校要结合农村学生特点及相关中学实际情况，进一步完善考生申请要求和考核录取办法。要充分发挥学科专家作用，认真审核考生申请材料，合理确定参加本校考核考生名单。有关高校和中学要创新服务举措，通过对家庭经济困难考生给予经济补贴、探索选派专家到当地开展考核或网络远程面试等方式，为考生顺利参加报名、考核提供便利和帮助。考核录取工作管理参照自主招生办法执行，录取工作实行单独填报志愿、单独投档录取，原则上与自主招生同时进行。入选考生高考成绩总分录取要求，原则上不低于有关高校所在批次科类录取控制分数线。

（五）招录工作时间

2015年4月15日前，有关省级教育行政部门向社会公布本省（区、市）确定的实施区域，有关高校公布招生简章。2015年4月15日至5月5日，考生在阳光高考平台完成报名申请。2015年5月30日前，有关省（区、市）完成考生户籍、学籍资格审核并进行公示，有关高校完成考生申请材料审核。2015年6月3日前有关高校确定参加学校考核考生名单并进行公示。高校考核、确定入选资格考生名单等工作在高考后高考成绩公布前进行。

三、2016 年政策继续平稳推进

2016 年该计划正式统称为高校专项计划，与国家专项计划、高校专项计划形成当前我国高等教育机会公平的倾斜招生政策体系。2016 年明确报考学生须同时具备下列三项条件：①符合 2016 年统一高考报名条件；②本人及父亲或母亲或其他法定监护人户籍地在实施区域的农村，本人具有当地连续 3 年以上户籍；③本人具有户籍所在县高中连续 3 年学籍并实际就读。

四、2017 年进一步优化招生办法

2017 年政策没有明显变化，但教育部要求高校要在深入总结近年招生工作的基础上，充分考虑农村学生特点及相关地区基础教育实际，完善招生办法，加大录取优惠，提高考生录取机会。特别是鼓励高校根据考生申请情况编制分省招生计划（须在招生来源计划中标注说明），依据考生高考成绩和志愿进行录取。有关高校要加强与省级招生考试机构的沟通衔接，及时将高校专项计划的招生办法、录取要求报有关省级招生考试机构。有关省级招生考试机构要会同高校认真做好考生志愿填报、录取等工作。

第二节　政策实施现状

现在很多"双一流"建设高校专项招生计划事实上沿袭了之前自主招生试点改革的做法，在资格审核、选拔标准方面具有很强的一致性。高校专项计划不仅是重点高校招收农村学生的主要方式，而且集中体现了高校招生自主性与公共性，招生标准卓越性与公平性相结合的特征，是高校自主招生的一种重要模式（杜瑞军，2022）。

很多研究者在分析高校专项计划时，以《教育部关于做好2014年提高重点高校招收农村学生比例工作的通知》（教学〔2014〕2号）中提出的"教育部直属高校和其他自主选拔录取改革试点高校要因校制宜，实施农村学生单独招生计划"为依据。但早在这一文件发布前，自主招生高校面向农村学生的单独招生计划就已经开始探索，如清华大学在2011年就发布自主招生"B计划"，中国人民大学在2012年发布自主招生"圆梦计划"等。从上述文件可以看出，高校专项计划源自高校自主招生试点改革，是高校自主招生的一种特殊形式。把高校专项计划追溯到自主招生试点改革，一方面可以解释为什么在国家专项计划之外，还要设立高校专项计划，二者的招生高校和政策对象基本上是同质的，另一方面也可以从纵向的视角审视自主招生试点高校实施倾斜性招生政策的演变过程（杜瑞军，2022）。

高校专项计划的实施由教育部指导，各高校自主确定方案。梳理2022年各校公布的招生简章及统计往年的入选和录取名单发现，其差异主要集中在报名条件、招生专业、录取办法等层面，在领导和实施机构、报名程序与监督机制、学生资助体系，以及违规处理等方面的差异性较小。

一、报名条件

报考高校专项计划一般须满足三大基本条件：①符合2022年统一高考报名条件；②本人及父亲或母亲或法定监护人户籍地在实施区域的农村，本人具有当地连续3年以上户籍；③本人具有户籍所在县高中连续3年学籍并实际就读。三大基本条件是高校在政策执行过程中对教育部文件内容的"照搬"，如北京大学、清华大学、南开大学、天津大学、复旦大学、同济大学和上海交通大学等高校在招生简章中对招生对象或报名条件只进行了上述的规定说明。由此可见，校际报名条件的普遍特征为"学生的户籍与学籍符合国家政策要求"，这一普遍特征体现出强烈的国家意志与补偿性原则（徐东波等，2019）。然而高校专项计划实施对象的识别精度随户籍制度改革的推行出现模糊。高校专项计划的招生对象全部为农村学生，政策前期主要根据户籍识别城乡人群。当2020年取消户籍分类的制度改革完成后，以区域限定替代户籍要求，部分省份在划定区域的基础上，进行更为精确的锁定。由于户籍改革进度在各省份存在差异，高校对于户籍与学籍的统一判定难度较大，专项计划实施高校在2020年后均在招生对象一栏中补充了"考生户籍、学籍资格审核交由各省（自治区、直辖市）完成"这一内容。高校专项计划在实施对象的识别上仍存在较高的执行成本，对地方省份的政策推行和审核工作依赖性较强，可能诱发信息不对称等问题，不利于教育公平成效的最大化实现。

在基本条件之外，部分学校增加了附加条件，主要表现为是否对农村考生的平时成绩提出具体要求。相关高校作为国家指定的政策执行主体，它们不仅需要完成教育部规定的倾斜性招生任务指标，又不能因专项计划的实施而降低学校生源质量，而部分高校对农村考生的平时成绩增加附加条件将有利于质量诉求，这体现了学校追求生源质量的个性与策略性，在公平与效率之间，附加条件更重效率（徐东波等，2019）。如中国人民大学、中央财经大学等高校要求申请高校专项计划的考生在满足三大基本条件之外，平时学习成绩排名原则上为所在中学（年级）前5%方可报名，华中科技大学更是要求考生成绩达到年级前3%。此外，高水平行业特色型大学会对考生的学科素养与专业能力做出进一步要求，如对外经济贸易大学不仅要求考生成绩排名在年级前5%以内，且数学、英语成绩突出，北京外国语大学要求考生的外语学习能力突出，具有浓厚的外语学习兴趣。

二、招生专业

在招生专业信息公布方面，高校在"高校专项计划招生简章"中对于招生专业的信息公布可分为两类：不公布招生专业与选科限制；明确说明招生专业与选课限制。不公布招生专业与选课限制的高校多数"将根据申请情况和审核结果公布各省计划招生专业和人数"，并"以各省级招生考试部门公布为准"。

例如，上海交通大学 2022 年"思源计划"在招生简章中指出，安排招生计划数不低于教育部核定的高校专项计划招生规模。校本部及医学院综合考虑各省（区、市）审核通过人数、往年报考情况，以及生源在校学习情况等因素，编制高校专项分省计划，招生专业以理工类和医学类为主，具体招生计划及专业分布，以各省级招生考试部门公布为准。明确说明招生专业与选科限制的高校对招生专业范围进行详细公布，如北京师范大学在招生简章中以选考科目模式分类说明考生可以填报的专业范围，并注明报名系统所填专业仅供学校评审参考，实际录取以学校招生计划及考生高考填报专业志愿为准，入校后限在公费师范生专业范围内申请转专业，不能转为非公费师范生。此外，对实施高考改革省份选考科目要求也做出限定。

在招生专业的学科类别方面，有学者指出，"理科生在高校专项计划中的优势更明显、选择空间更大"（崔盛等，2018），已有研究对 40 所高校专项计划招生简章中的招生学科专业进行统计发现，按学科分类，理工科招生专业类别总量最多，其次是文学、法学、管理学、医学、经济学，招生专业数量较少的是农学、历史学、哲学、教育学等，几乎没有涉及艺术学与军事学，少数学校设置人文社会科学类试验班与自然科学类试验班的招生。大部分高校的理科或工科招生专业数量占比最高，校际招生专业的普遍特征是"理工科招生专业数量占比较高"，人文社会科学类试验班与自然科学类试验班基本集中在一流大学建设高校的招生专业目录中，由此可知，校际招生专业上的差异特征为"校际招生专业数量不均衡，一流大学校均招生专业数量更多"（徐东波等，2019）。值得一提的是，理工农科对全面激活农村发展新活力具有直接促进作用，科技创新对乡村振兴战略行动的服务意义不容小觑，重点大学的理工农科专业人才将为农业农村发展、农业技术创新和农民增收致富做出重要贡献，高校专项计划对理工科专业的招生倾向，正与乡村振兴的长远发展路径不谋而合。

三、录取办法

由于目前高校专项计划政策并没有给出明确指导性意见，高校在招生过程中具有较大自主性，高校在落实高校专项计划时可以采取不同的招生方式，而不同的招生方式会对政策的推行产生相应的影响效果。有研究将高校根据不同的招生方式分为两类（曹妍等，2019）：第一类，高校首先在全国各生源地区范围内进行自主选拔，然后结合高考情况择优录取，将这些高校归纳为"全国择优"的高校。例如，西安交通大学2016年"高校专项计划招生简章"指出："笔试和面试成绩均达到合格线的考生，我校将根据测试综合成绩由高到低择优确定入选西安交通大学2016年高校专项计划资格考生名单、优惠等级和入选专业，报生源地省级招生考试机构审核，并在教育部阳光高考平台上公示。"第二类，高校则对不同生源地分别制订招生计划，并根据生源报考情况，对招生名额进行适当调整，最后根据拟录取学生的高考情况择优录取，将这些高校归纳为"分省择优"的高校。例如，中国人民大学2022年"圆梦计划"招生简章指出："在生源地招生考试机构投档给我校的合格生中，根据我校公布的各省（区、市）'圆梦计划'招生计划数和招生专业，按照考生高考成绩（含政策性加分）从高到低录取，并根据考生高考成绩、专业志愿和我校招生章程确定录取专业。录取考生高考成绩不得低于所在省（区、市）第一批本科录取控制分数线。对于合并本科批次的省份，参照该省确定的部分特殊类型相应最低录取控制分数线执行。"

就两种招生方式比较而言，各年度"分省择优"的招生比例均高于"全国择优"，且"分省择优"的招生方式于2016年已然超过了教育部2%的规定水平，而"全国择优"的招生方式到2017年才达到教育部规定水平，"分省择优"的高校达到政府目标的比例更大。此外，采用"全国择优"招生方式的高校数量逐年下降，而选择"分省择优"招生方式的高校数量迅速攀升，2020年后，采用"分省择优"招生方式的高校数量远远高于采用"全国择优"招生方式的高校数量，这与年脱贫攻坚任务的推进，户籍制度改革实施相呼应，由于户籍改革进度在各省份存在差异，高校将户籍与学籍的判定交由各省负责，各省经济发展和基础教育水平不一，"分省择优"的招生方式更能体现高校专项计划对教育公平的追求。

第三节 招生成效分析

一、录取人数与入选资格人数比例的结构性差异

从表2-1和表2-2可知，若高校专项计划录取人数与入选资格人数的比例大于40%，则属于严进宽出型，共有20所高校，例如，中国科学技术大学，报名通过人数1525人，入选资格人数111人，录取人数64人，录取人数与入选资格人数的比例为57.66%。20所高校中大部分是行业特色型高校，如北京邮电大学、北京语言大学、华北电力大学、上海财经大学、中国药科大学等。若高校录取人数与入选资格人数的比例小于10%，属于宽进严出型，如浙江大学，报名通过人数3326人，入选资格人数3212人，录取人数213人，录取人数与入选资格人数的比例为6.63%。录取人数与入选资格人数的比例大于10%小于0.4，属于中间型，如中央财经大学，报名通过人数190人，入选资格人数75人，录取人数19人，录取人数与入选资格人数的比例为25.33%。

表2-1 各高校录取人数与入选资格人数的比例

单位：%

高校	录取人数/入选资格人数	高校	录取人数/入选资格人数
北京大学	11.34	南京师范大学	2.77
北京工业大学	43.75	南开大学	10.52
北京航空航天大学	22.22	清华大学	38.33

续表

高校	录取人数/入选资格人数	高校	录取人数/入选资格人数
北京化工大学	34.78	厦门大学	2.29
北京交通大学	26.52	山东大学	3.37
北京科技大学	30.93	陕西师范大学	2.08
北京理工大学	34.67	上海财经大学	52.50
北京林业大学	63.12	上海大学	6.43
北京师范大学	34.29	上海交通大学	4.46
北京外国语大学	21.49	上海交通大学医学院	0.44
北京邮电大学	45.39	上海外国语大学	88.57
北京语言大学	46.00	四川大学	1.30
北京中医药大学	36.00	四川农业大学	21.90
大连海事大学	13.81	苏州大学	1.01
大连理工大学	7.01	天津大学	33.84
电子科技大学	9.18	同济大学	38.10
东北大学	5.76	武汉大学	14.71
东北林业大学	6.06	武汉理工大学	14.10
东北师范大学	2.03	西安电子科技大学	10.63
东华大学	66.67	西安交通大学	3.76
东南大学	2.12	西北大学	34.36
对外经济贸易大学	34.26	西北工业大学	38.59
福州大学	19.27	西北农林科技大学	6.91
复旦大学	9.11	西南财经大学	0.80
复旦大学上海医学院	6.92	西南大学	5.50
广西大学	2.92	西南交通大学	2.94
贵州大学	1.45	西南政法大学	6.58
哈尔滨工程大学	3.10	云南大学	1.49
哈尔滨工业大学	16.05	长安大学	4.07
哈尔滨工业大学（威海）	11.98	浙江大学	6.63
合肥工业大学	37.36	郑州大学	4.83
河海大学	3.88	中国传媒大学	13.04

续表

高校	录取人数/入选资格人数	高校	录取人数/入选资格人数
黑龙江大学	2.12	中国地质大学（北京）	31.88
湖南大学	6.31	中国地质大学（武汉）	7.21
湖南师范大学	44.24	中国海洋大学	4.07
华北电力大学（保定）	72.86	中国科学技术大学	57.66
华北电力大学（北京）	67.61	中国矿业大学	11.82
华东理工大学	80.21	中国矿业大学（北京）	48.68
华东师范大学	2.24	中国农业大学	7.45
华南理工大学	20.38	中国人民大学	20.60
华中科技大学	6.13	中国石油大学（北京）	32.35
华中农业大学	40.56	中国石油大学（华东）	48.42
华中师范大学	62.50	中国药科大学	66.67
吉林大学	9.35	中国政法大学	81.58
江南大学	2.97	中南财经政法大学	8.51
兰州大学	42.22	中南大学	4.05
南京大学	29.63	中山大学	75.19
南京航空航天大学	3.79	中央财经大学	25.33
南京理工大学	2.43	重庆大学	3.46
南京农业大学	8.48		

表 2-2 各高校报名与录取人数结构性差异分类

类型	数量/人	占比/%	学校
中间型	32	32.32	北京大学、北京航空航天大学、北京化工大学、北京交通大学、北京科技大学、北京理工大学、北京师范大学、北京外国语大学、北京中医药大学、大连海事大学、对外经济贸易大学、福州大学、哈尔滨工业大学、合肥工业大学、华南理工大学、南京大学、南开大学、清华大学、四川农业大学、天津大学、同济大学、武汉大学、武汉理工大学、西安电子科技大学、西北大学、西北工业大学、中国传媒大学、中国地质大学（北京）、中国矿业大学、中国人民大学、中国石油大学（北京）、中央财经大学

续表

类型	数量/人	占比/%	学校
严进宽出型	20	20.20	北京工业大学、北京林业大学、北京邮电大学、北京语言大学、东华大学、湖南师范大学、华北电力大学（保定）、华北电力大学（北京）、华东理工大学、华中农业大学、华中师范大学、兰州大学、上海财经大学、上海外国语大学、中国科学技术大学、中国矿业大学（北京）、中国石油大学（华东）、中国药科大学、中国政法大学、中山大学
宽进严出型	47	47.47	大连理工大学、电子科技大学、东北大学、东北林业大学、东北师范大学、东南大学、复旦大学、复旦大学上海医学院、广西大学、贵州大学、哈尔滨工程大学、哈尔滨工业大学（威海）、河海大学、黑龙江大学、湖南大学、华东师范大学、华中科技大学、吉林大学、江南大学、南京航空航天大学、南京理工大学、南京农业大学、南京师范大学、厦门大学、山东大学、陕西师范大学、上海大学、上海交通大学、上海交通大学医学院、四川大学、苏州大学、西安交通大学、西北农林科技大学、西南财经大学、西南大学、西南交通大学、西南政法大学、云南大学、长安大学、浙江大学、郑州大学、中国地质大学（武汉）、中国海洋大学、中国农业大学、中南财经政法大学、中南大学、重庆大学

二、各省高校录取结果的区域性差异

一方面，不同省份农村学生的参与情况会导致专项计划的录取情况存在区域性差异，但从另一方面来看，仍然存在一些问题，例如，高校招生是否会引起专项计划录取结果的区域性差异的问题，一直饱受争议的高校属地化招生问题在专项计划的招生结果中是否依然存在。所以，研究以高校所在省份为单位，通过计算高校专项计划在不同区域和不同省份招生人数占比，比较各省高校录取人数的区域性差异。

贫困县全部摘帽是脱贫攻坚三个目标之一，2012 年，国务院扶贫办先后发布了两份名单：国家扶贫开发工作重点县名单、全国连片特困地区分县名单。前者包括中西部 22 个省份的 592 个县，后者则涉及 14 个集中连片特殊困难地区的 680 个县，有 440 个县同时出现在两份名单中，刨去重叠部分，全国共有贫困县 832 个（陈惟杉等，2020）。832 个县分布于 22 个省份，全部位于中西部地区。根据国务院扶贫办官网发布的数据，截至 2019 年年底，贫困县只剩下 52 个。根据表 2-3 可知，东部地区的高校对东部省份的学生更为青睐，其中，江苏、福建、辽宁、广东、山东、河北、天津、浙江 8 个省（区、市）高校录取的学生中来自东部省份的占比最大，河北在东部地区招收的学生占比高达 54.9%。中部地区的高校也更加关注中部地区的生源，除了位于河南的郑州大学只招收河南考生之外，安徽、吉林、黑龙江、湖北、湖南在中部招收的学生占比分别为 64.91%、31.82%、49.62%、54.89%、61.34%。类似地，西部地区的高校面向西部地区的学生录取名额更多，甘肃、广西、贵州、重庆、陕西、云南、四川在西部招收的学生占比分别为 36.85%、60.68%、52.47%、67.48%、43.16%、45.24%、59.05%。可以看出，高校招生结果存在明显的属地化倾向。

表 2-3　各省高校分区域录取生源占比

单位：%

高校所在区域（东部）	生源所在区域			高校所在区域（中部）	生源所在区域			高校所在区域（西部）	生源所在区域		
	东部	中部	西部		东部	中部	西部		东部	中部	西部
江苏	43.82	36.67	19.51	安徽	28.51	64.91	6.58	甘肃	29.82	33.33	36.85
北京	39.13	44.99	15.88	吉林	32.87	31.82	35.31	广西	13.48	25.84	60.68
福建	38.93	32.82	28.25	河南	0	100	0	贵州	17.90	29.63	52.47
辽宁	44.29	35.65	20.06	黑龙江	34.35	49.62	16.03	重庆	10.94	21.58	67.48
广东	39.81	38.58	21.61	湖北	21.35	54.89	23.76	陕西	24.72	32.12	43.16
山东	48.16	29.21	22.63	湖南	18.14	61.34	20.52	云南	20.24	34.52	45.24
上海	32.49	40.07	27.44					四川	16.91	24.04	59.05
河北	54.90	29.41	15.69								
天津	43.24	41.89	14.87								
浙江	44.60	33.80	21.60								

更进一步地，高校招生结果在省份层面同样存在属地化招生现象。根据表2-4可知，有20个省份高校在本省执行招生计划，其中，广西、贵州、河北、河南、湖南、四川6个省（区、市）高校在本省的招生占比超过30%。具体来看，广西仅广西大学执行专项计划，在本省录取人数占比达46.07%，河北省仅华北电力大学（保定校区）执行专项计划，在本省录取人数占比33.33%，四川省5所高校包括四川大学、西南交通大学、电子科技大学、西南财经大学、四川农业大学在四川省的平均录取占比达32.49%。此外，考虑到北京、上海、天津3个直辖市并不能招收本市考生，3市招生占比最大的均为河南考生，分别为24.53%、15.73%、25.68%，其中，北京24所高校在河南、山东及河北3个高考大省录取学生占比之和高达52.97%。除了湖北省，其他19个省份的高校在本省录取人数占比均为最高的，若去掉只招收河南考生的河南大学样本，各高校的平均本省录取占比超过20%。对专项计划录取名额的结果进行分析得出结论，高校招生的属地化倾向引起了录取结果的区域性差异，进一步加剧了专项计划内部的省际差距。专项计划是一项面向农村学生的倾斜性招生政策，旨在维护农村学生的教育机会公平，但是高校在人才选拔过程中依然会考虑招生效率与服务地方等问题。同样是招收农村学生，哪些省份的生源质量更好，哪些省份是主要生源，可以投放更多名额，录取更多相对优秀的农村学生，由此产生的属地化招生倾向，并引发计划内部新的省际不均衡问题。特别是大部分承担计划的高校都是教育部直属高校，这样的录取结果是否合理，有待进一步商榷。

根据表2-5可知，教育部直属高校和其他高校在东部地区和西部地区投放的招生名额比例相差不大，教育部直属高校在中部地区招收学生的比例明显低于其他高校，分别为32.48%和41.04%。可以看出，相比于其他高校，教育部直属高校还是在东部地区的学生最多。不可否认的是，这与高校的地理分布有一定关系，执行高校专项计划的教育部直属高校共有72所，其中，仅有11所高校位于西部地区，占比15.27%，其他所属地高校共有23所，其中，位于东部地区的高校有北京航空航天大学、北京理工大学、北京工业大学、南京航空航天大学、上海大学、苏州大学、南京师范大学、福州大学、南京理工大学、

表2-4 各省高校分省录取生源占比

单位：%

生源省份	高校所在省份																						
	安徽	北京	福建	甘肃	广东	广西	贵州	河北	河南	黑龙江	湖北	湖南	吉林	江苏	辽宁	山东	陕西	上海	四川	天津	云南	浙江	重庆
安徽	28.95	5.01	6.11	7.02	4.94	3.37	4.32	1.96	0.00	5.34	6.83	3.89	3.85	10.98	6.13	4.74	5.45	10.58	4.75	4.05	3.57	8.92	3.65
福建	2.19	1.53	16.79	1.75	4.94	3.37	2.47	1.96	0.00	1.53	1.68	2.81	1.40	2.67	1.95	2.63	2.37	4.40	2.23	0.68	2.38	4.69	1.82
甘肃	1.32	1.95	4.58	24.56	1.54	1.12	3.09	1.96	0.00	2.80	4.31	3.02	5.94	2.88	3.90	4.21	6.84	3.00	5.19	2.03	2.38	0.00	4.26
广东	0.00	0.42	2.29	0.00	20.37	0.00	0.62	0.00	0.00	0.00	0.32	0.43	0.35	0.32	0.00	0.53	0.00	0.47	0.30	0.68	1.19	3.76	0.61
广西	0.00	0.59	1.53	0.00	3.40	46.07	1.23	0.00	0.00	0.00	1.16	1.08	0.00	0.85	0.56	1.05	0.98	1.03	1.04	1.35	1.19	0.94	1.22
贵州	0.88	1.78	4.58	5.26	3.70	3.37	30.25	0.00	0.00	2.29	3.47	3.02	4.20	2.77	2.79	2.63	1.82	3.65	4.45	2.03	4.76	3.76	6.99
海南	0.00	0.08	1.53	1.75	1.54	0.00	0.62	0.00	0.00	0.00	1.05	1.08	0.70	0.64	0.00	0.79	0.42	0.56	0.89	0.68	2.38	0.47	0.91
河北	0.00	13.50	3.05	12.28	2.16	4.49	6.17	33.33	0.00	8.14	4.42	3.46	7.69	5.22	7.24	6.05	6.70	3.28	2.37	11.49	3.57	2.35	1.82
河南	10.09	24.53	8.40	10.53	12.35	5.62	12.96	15.69	100.00	15.27	15.14	10.80	8.39	14.71	14.21	13.42	14.66	15.73	8.31	25.68	15.48	7.51	6.99
黑龙江	25.00	2.63	2.29	3.51	0.31	1.12	1.85	5.88	0.00	20.36	1.47	1.51	4.55	1.71	5.57	1.05	1.40	1.69	1.04	4.05	2.38	0.94	0.91
湖北	0.88	2.21	3.82	1.75	3.09	2.25	2.47	0.00	0.00	2.54	20.50	1.94	5.24	1.92	2.23	2.37	2.09	2.25	2.37	1.35	2.38	2.35	2.43
湖南	0.88	4.50	3.05	5.26	8.64	8.99	5.56	1.96	0.00	1.27	4.52	36.72	2.10	2.24	2.23	2.37	2.79	2.81	2.67	2.03	5.95	3.29	3.34
吉林	2.63	0.42	0.76	0.00	0.00	1.12	0.00	0.00	0.00	1.02	0.42	0.22	2.10	0.53	1.39	0.53	0.42	0.37	0.74	1.35	1.19	1.41	0.30
江苏	5.26	2.29	3.05	1.75	1.54	1.12	1.96	1.96	0.00	1.78	1.58	1.73	2.45	17.06	2.23	3.68	2.23	10.30	1.78	2.03	2.38	7.51	1.22

续表

生源省份	高校所在省份																													
	安徽	北京	福建	甘肃	广东	广西	贵州	河北	河南	黑龙江	湖北	湖南	吉林	江苏	辽宁	山东	陕西	上海	四川	天津	云南	浙江	重庆
江西	6.58	4.50	6.87	3.51	8.02	2.25	2.47	1.96	0.00	2.29	5.47	5.40	4.55	3.30	2.79	3.16	3.07	6.09	3.56	2.70	2.38	8.45	3.65
辽宁	1.32	3.57	1.53	1.75	0.93	1.12	1.23	9.80	0.00	7.89	2.42	1.51	9.79	2.35	20.33	3.42	2.23	1.12	2.23	14.19	2.38	2.35	0.91
内蒙古	0.00	1.87	1.53	0.00	0.62	0.00	0.00	1.96	0.00	1.78	0.95	1.30	1.75	1.17	2.23	0.53	1.54	0.75	0.59	0.68	2.38	0.47	0.61
宁夏	0.00	0.68	1.53	0.00	0.00	0.00	0.62	0.00	0.00	0.00	0.32	0.65	0.70	0.64	0.28	1.05	1.40	0.66	0.74	0.00	0.00	0.94	0.61
青海	0.00	0.76	1.53	0.00	0.00	0.00	3.70	0.00	0.00	1.27	1.89	1.51	3.15	1.28	1.39	2.11	2.23	1.03	3.56	0.68	3.57	0.00	2.13
山东	7.02	14.94	7.63	8.77	4.63	3.37	5.56	5.88	0.00	13.74	6.31	5.62	8.39	9.91	11.14	28.16	8.66	7.30	4.60	12.16	3.57	4.23	2.43
山西	0.00	1.19	1.53	1.75	1.23	1.12	0.00	1.96	0.00	1.53	0.53	0.86	1.05	1.28	1.11	1.58	2.23	0.56	0.59	0.68	1.19	0.94	0.30
陕西	1.32	1.95	2.29	3.51	1.85	3.37	1.85	3.92	0.00	1.78	2.63	1.94	3.50	2.67	2.23	2.37	21.79	1.87	2.97	2.70	2.38	1.41	4.56
四川	2.63	3.74	3.05	1.75	6.48	4.49	8.02	1.96	0.00	4.58	4.31	4.54	8.74	3.73	3.06	4.47	3.49	7.58	32.49	2.70	8.33	7.98	24.01
西藏	0.00	0.17	1.53	0.00	0.31	0.00	0.00	0.00	0.00	0.00	0.21	0.22	0.70	0.21	0.00	0.79	0.28	0.47	0.45	0.00	0.00	0.00	0.61
新疆	0.44	0.25	0.76	1.75	0.62	0.00	0.62	1.96	0.00	0.25	0.95	0.65	2.80	1.07	0.84	1.32	1.12	1.03	1.19	0.68	0.00	0.94	1.22
云南	0.00	1.27	3.82	0.00	1.54	1.12	1.85	1.96	0.00	0.51	1.89	1.51	1.75	1.28	2.23	1.32	0.98	4.59	3.71	2.03	17.86	3.29	3.65
浙江	2.63	2.80	3.05	1.75	3.70	0.00	0.00	1.96	0.00	1.27	3.58	1.51	2.10	5.65	1.39	2.89	2.09	5.06	2.52	1.35	2.38	19.25	1.22
重庆	0.00	0.85	1.53	0.00	1.54	1.12	1.23	1.96	0.00	0.76	1.68	1.08	2.10	0.96	0.56	0.79	0.70	1.78	2.67	0.00	2.38	1.88	17.63

大连海事大学 10 所，位于中部地区的高校有哈尔滨工业大学、哈尔滨工程大学、黑龙江大学、郑州大学、湖南师范大学、中国科学技术大学 6 所，位于西部地区的高校有西北工业大学、广西大学、西南政法大学、四川农业大学、贵州大学、云南大学、西北大学 7 所，西部地区高校占比 30.43%。尽管但仍可推测，教育部直属高校在东、中、西部的招生名额投放存在一定的偏好和失衡，需要进一步在西部地区扩大招生比例。

表 2-5　不同类型高校分区域录取生源的比例

单位：%

生源区域	（非）部属高校		（非）"双一流"高校		
	部属高校	其他高校	"双一流"A 类高校	"双一流"B 类高校	其他高校
东部占比	37.12	31.51	32.70	18.56	32.89
中部占比	32.48	41.04	37.55	63.14	40.49
西部占比	30.40	27.45	29.75	18.30	26.62

"双一流"A 类高校在东部地区、中部地区、西部地区的招生比例大致相同，分别是 32.70%、37.55%、29.75%。参与高校专项计划的"双一流"B 类高校共有 5 所，分别是东北大学、郑州大学、湖南大学、云南大学、西北农林科技大学，在中部地区的招生比例最高，达到 63.14%，其他高校共有 59 所，在中部地区的招生比例最高，将近整体招生名额的一半。可见，"双一流"A 类高校没有充分发挥对中西部地区倾斜的作用，相对低层次的高校反而对中西部地区学生的录取比例更高，更高层次的高校即使在倾斜性招生计划中可能仍然存在择优选拔倾向的问题。

进一步地，从部属高校的招生结果来看（如表 2-6 所示），部属高校在河南和山东招收的学生占比最大，比例分别为 14.79%、9.09%。从非部属高校的招生结果来看，非部属高校在河南招收的学生占比最大，占比高达 26.35%。福建大学在福建省招生的占比为 54.55%，黑龙江大学在黑龙江省招生的占比为 36.22%，西北工业大学在陕西省招生的占比为 31.25%，湖南师范大学在湖南省招生的占比为30.39%，苏州大学在江苏省招生的占比为22.39%。这进一步印证了前文所述，部属高校与非部属高校的属地化招生倾向均较为严重，且对来自高考大省的学生更为青睐。

"双一流"A类高校在各省录取的学生占比排在前两位的为河南和山东，比例分别为12.48%、8.58%，"双一流"B类高校在各省录取的学生占比排在前两位的为河南和湖南，比例分别为46.24%、8.98%，其他高校在各省录取的学生占比最高的仍为河南省，比例高达16.97%，其他省份的录取比例均未超过10%。类似地，"双一流"A类高校和"双一流"B类高校更倾向于录取来自高考大省的学生，除了河南省之外，非"双一流"高校对各省份的招生投放名额较为均衡，不难发现，更高层次的高校招生仍然存在较明显的区域和省份偏好。

表2-6 不同类型高校分省录取生源占比

单位：%

生源省份	（非）部属高校		（非）"双一流"高校			生源省份	（非）部属高校		（非）"双一流"高校		
	部属高校	其他高校	"双一流"A类高校	"双一流"B类高校	其他高校		部属高校	其他高校	"双一流"A类高校	"双一流"B类高校	其他高校
安徽	7.06	5.90	6.18	2.64	7.99	江西	4.67	3.16	6.00	1.85	3.31
福建	2.64	2.56	3.40	1.19	2.19	辽宁	3.47	3.49	3.63	4.62	3.16
甘肃	3.90	2.14	4.03	2.38	3.25	内蒙古	1.21	0.70	0.75	1.72	1.29
广东	1.36	0.23	2.40	0.13	0.17	宁夏	0.65	0.37	0.78	0.13	0.51
广西	1.02	2.42	1.38	0.53	1.43	青海	1.61	1.16	1.50	1.19	1.56
贵州	3.35	3.90	3.73	1.72	3.54	山东	9.09	8.46	8.58	4.76	9.93
海南	0.65	0.46	0.75	0.53	0.51	山西	1.03	0.84	1.28	0.66	0.80
河北	6.34	4.88	3.85	3.70	8.20	陕西	3.81	3.62	3.48	4.49	3.90
河南	14.79	26.35	12.48	46.24	16.97	四川	7.03	8.22	7.83	2.51	7.63
黑龙江	2.24	3.86	2.00	1.72	3.27	西藏	0.37	0.00	0.40	0.00	0.23
湖北	4.69	1.91	4.00	1.19	4.57	新疆	0.99	0.46	0.98	0.53	0.84
湖南	4.83	5.25	5.28	8.98	3.98	云南	2.38	1.39	2.90	2.77	1.43
吉林	0.60	0.42	0.73	0.53	0.42	浙江	3.58	2.32	4.05	1.45	2.95
江苏	4.56	4.65	5.38	1.32	4.43	重庆	2.07	0.88	2.33	0.53	1.56

三、高校招生录取人数的区域性趋势变化

从图 2-1～图 2-4 可知，2017—2021 年五年间，高校专项计划的总录取人数在前两年是大致持平且略微上升的，2019 年，录取人数出现一个较为明显的跃升，增长率达到 19.55%，此后两年的录取人数涨幅不大。可以发现，东部高校作为高校专项计划实施高校的重要主体力量，录取人数占比达到半数，五年间的增长规律与总录取人数的增长规律保持相对一致，2017 年，东部高校在所有高校的录取人数占比为 50.41%，2021 年这一占比上升至 52.08%，可见东部高校在高校专项计划中发挥的作用相当重要且持续加大，当然，这与高等教育区域布局密不可分。中西部高校在 2017—2018 年的高校专项计划录取人数出现一定程度下降，2019 年的录取人数虽然也有一定程度的增长，但与所有高校总录取人数和东部高校录取人数的涨幅相比，则较为平缓。因此，东部高校是高校专项计划招生录取规模扩大的主要力量。

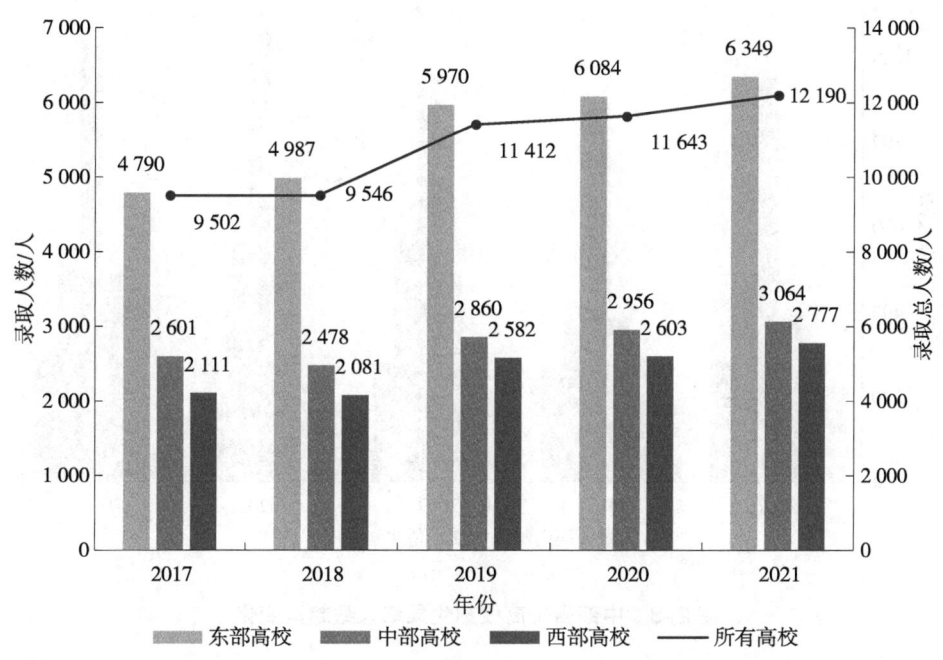

图 2-1　东、中、西部省份高校招生录取人数趋势变化

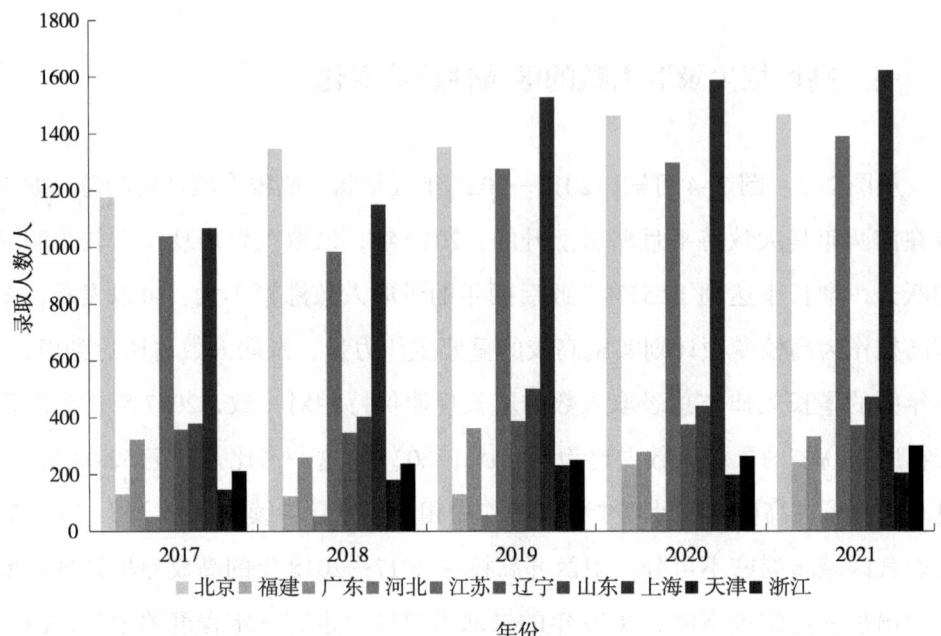

图 2-2　东部省份高校招生录取人数趋势变化

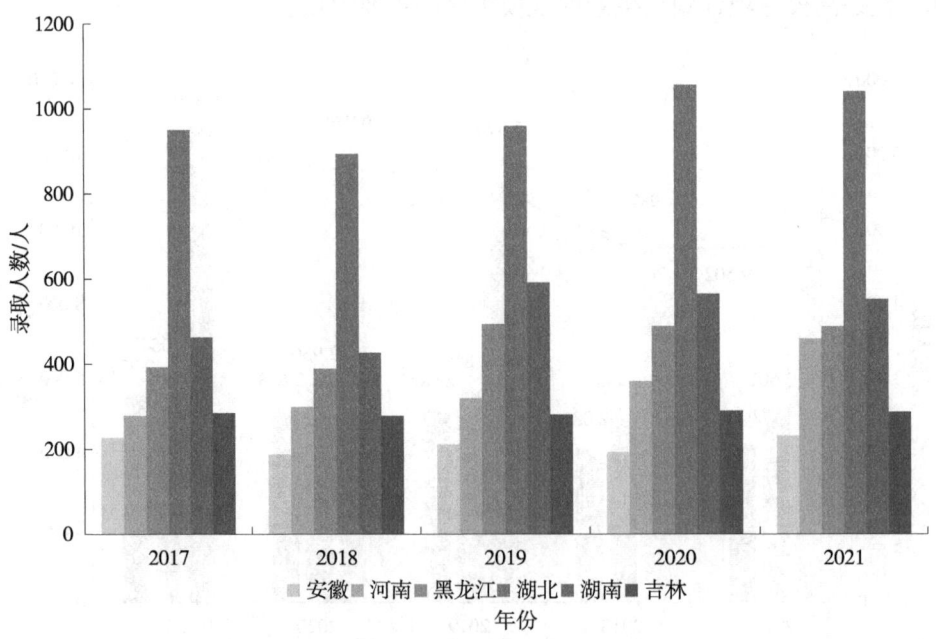

图 2-3　中部省份高校招生录取人数趋势变化

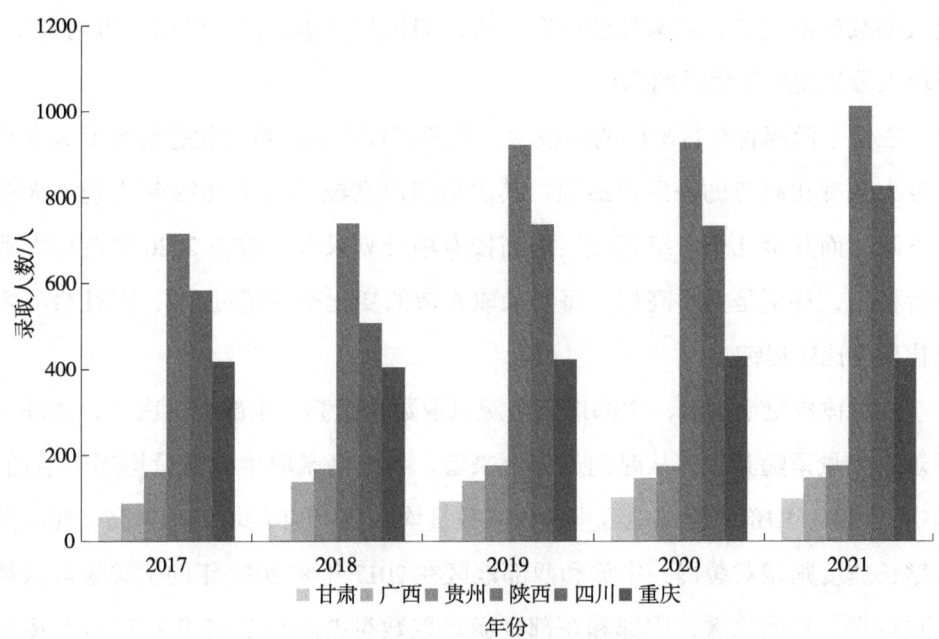

图 2-4 西部省份高校招生录取人数趋势变化

在位于东部省级行政区的高校中,北京、上海、江苏三地的高校录取人数位列前三,其中,上海高校与东部乃至所有高校的录取人数时间趋势性变化特征一致性最强,即前两年是大致持平且略微上升的,在 2019 年增长幅度明显,此后两年则表现为较为平缓的上升。北京高校在 2018 年的录取人数较 2017 年上升较大,增长率为 14.43%,而在 2019 年录取人数却出现了 5.27% 的下降。其余几个省级行政区的高校在 2017—2021 年录取人数变化相对不明显,其中,福建高校与东部乃至所有高校录取人数时间性变化特征相对一致,而广东高校的录取人数频繁震荡,山东高校和天津高校的录取人数在 2019 年后都出现了下降的趋势。

在位于中部省级行政区的高校中,湖北高校的专项计划录取人数最多,虽然在 2017—2018 年的录取人数有一定的减少,但此后两年逐年增加,在 2021 年有少许回落趋势。湖南、黑龙江两省高校的录取人数变化趋势大致相似,均在 2019 年出现较大程度的增加,此后两年有所减少或保持稳定,吉林和安徽高校数量较少,均只有两所,录取人数保持在相对稳定的状态,没有大幅增加或大幅减少的趋势。河南高校仅有一所，即郑州大学，仅面向河南省内考生，录取人数呈现逐年攀升的态势。

在位于西部省级行政区的高校中，陕西高校录取人数变化趋势与所有高校录取人数变化趋势的一致性最强，其次是四川高校，但在2018年出现了大幅度下降，而其余几个省级行政区的高校专项计划录取人数在2020年前后大致保持稳定，特别是贵州高校，每年录取人数的变化率不超过5%，对社会环境变化反应比较迟钝。

从总体数量上来看，中部地区生源录取数量最高，东部地区次之，西部生源录取数量紧随其后。从时间趋势上来看，各地区录取生源数量均逐年增加，其中，东部、中部和西部地区生源录取数量均在2019年的增长率最高，此后两年增长速度则相对缓慢，中部和西部地区在2017年和2018年的生源录取数量大致持平。具体来看，中部和东部生源录取数量差距自2017年往后呈现逐年缩小的趋势，而东部和西部生源录取人数差距自2017年至2019年呈现逐年扩大的趋势，2020年之后，东部和西部地区生源录取人数差距有一定程度的减小（如图2-5～图2-8所示）。

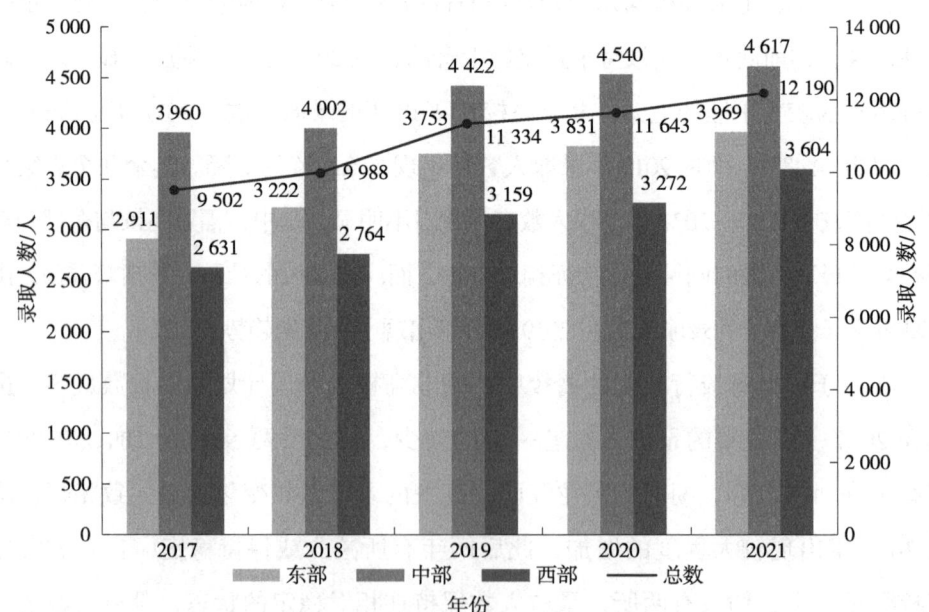

图2-5 高校对东中西部生源录取人数趋势变化

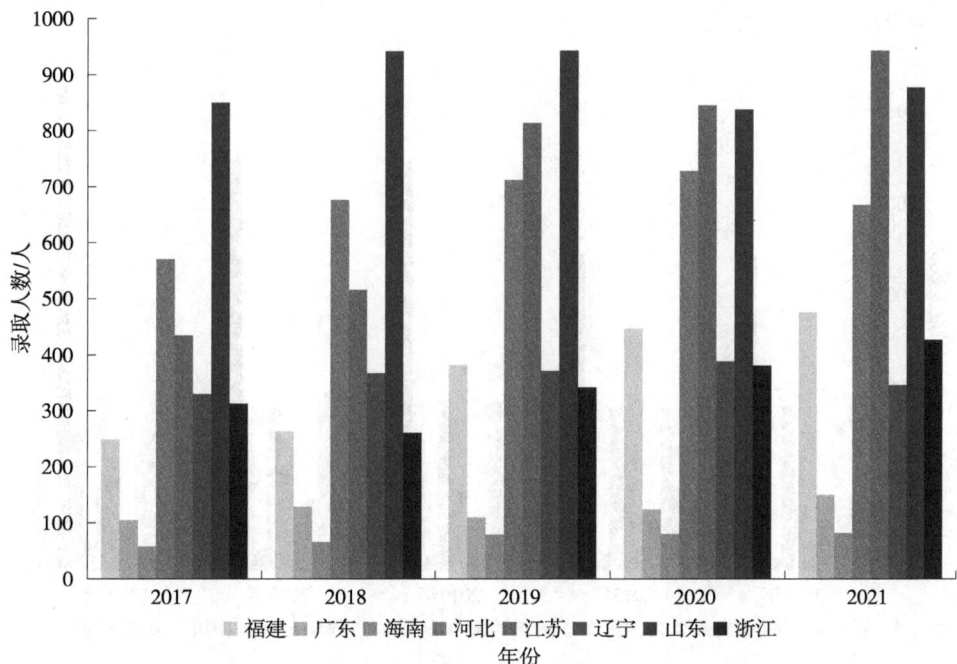

图 2-6　高校对东部生源省份招生录取人数趋势变化

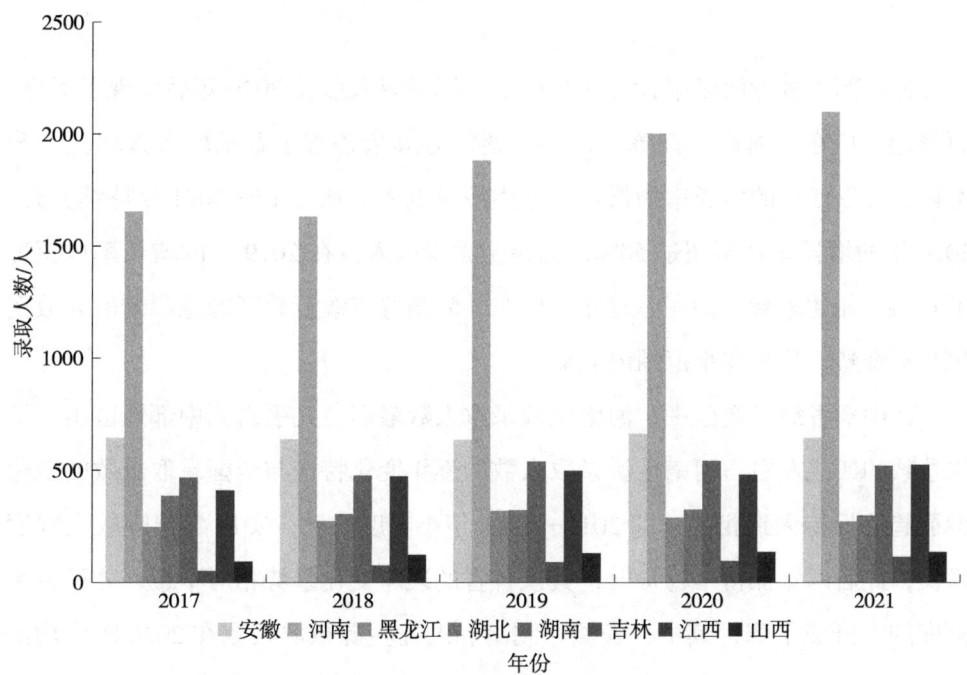

图 2-7　高校对中部生源省份招生录取人数趋势变化

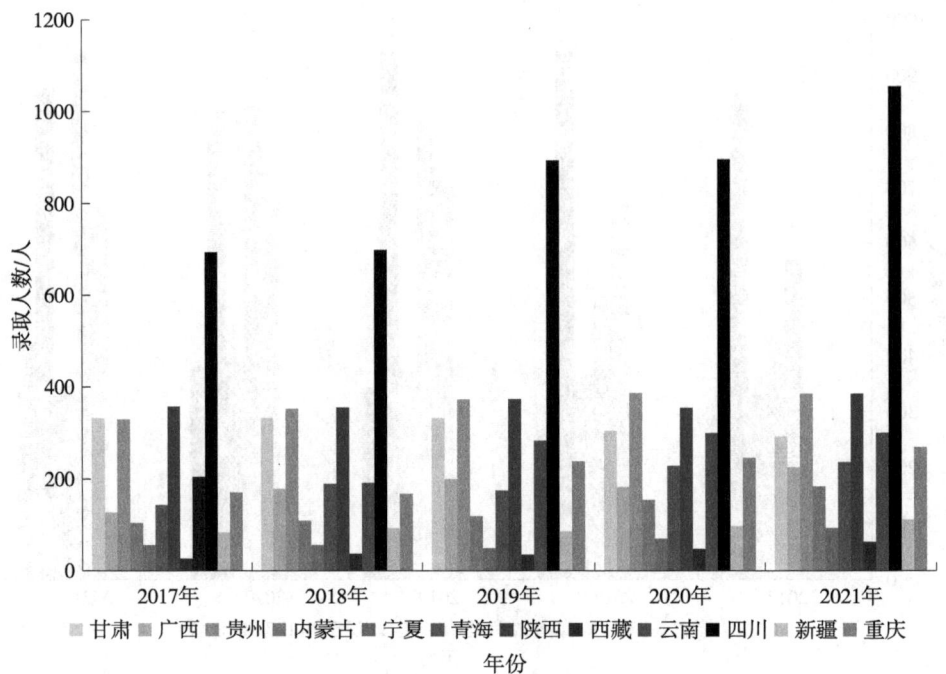

图 2-8　高校对西部生源省份招生录取人数趋势变化

在东部省级行政区中，河北和辽宁生源录取人数在 2020 年后出现了下降，而福建、广东、海南、江苏、山东、浙江等其余各省生源录取人数均呈上升态势，尤以江苏的增长率为最。江苏生源录取人数在 2017—2021 年持续上升，2019 年的增长率甚至超过 50%，福建生源录取人数在 2019 年的增长率也超过了 40%，相比来看，山东、辽宁、广东、海南等省级行政区的生源录取人数变化并不剧烈，只是在小范围内波动。

在中部省级行政区中，河南生源录取人数最多，几乎占到中部地区生源录取总数的四成左右，河南生源录取人数的逐年变化特征与全国录取总数的变化特征趋势保持大致相同，即 2017—2018 年小幅度波动，2019 年出现较大幅度增长，此后两年保持平稳提升，其余各省的逐年变化趋势相对平缓，并没有大幅度的上升或下降，其中，安徽、湖南和湖北生源录取人数在 2020 年后均出现了一定程度的下降，而湖北的生源录取人数在 2017—2021 年出现了持续下降的态势。

在西部省级行政区中，四川生源录取数量最多，将近其余省份的两倍之多，在2017—2021年呈现大致上升的趋势，虽然2018年和2020年相较于前一年的数量基本持平，但2019年和2021年较之前一年的数量均有显著上升，总体上是阶梯式的上升特征。其余各省由于体量较小，所以变化趋势并不明显，相对较为明显的是青海生源录取数量在2020年有小幅度的增长，广西生源录取数量则在2021年出现一定程度的提升，内蒙古生源录取数量从2019年开始逐年攀升。

四、不同类型高校招生录取人数的趋势变化

教育部直属高校录取人数与所有高校录取总数变化趋势大体一致，即在2019年出现较大幅度增长，2020—2021年则呈现较平缓的增长态势，非教育部直属高校录取人数在2017—2021年为持续的缓慢的增长。"双一流"A类高校、"双一流"B类高校和非"双一流"高校录取人数均在2017—2018年较为稳定，而在2019年出现较大幅度的增长，值得一提的是，"双一流"A类高校录取人数与所有高校录取总数变化趋势不同，2020年反而出现了下降的现象，随后2021年有一定的回升（如图2-9、图2-10所示）。

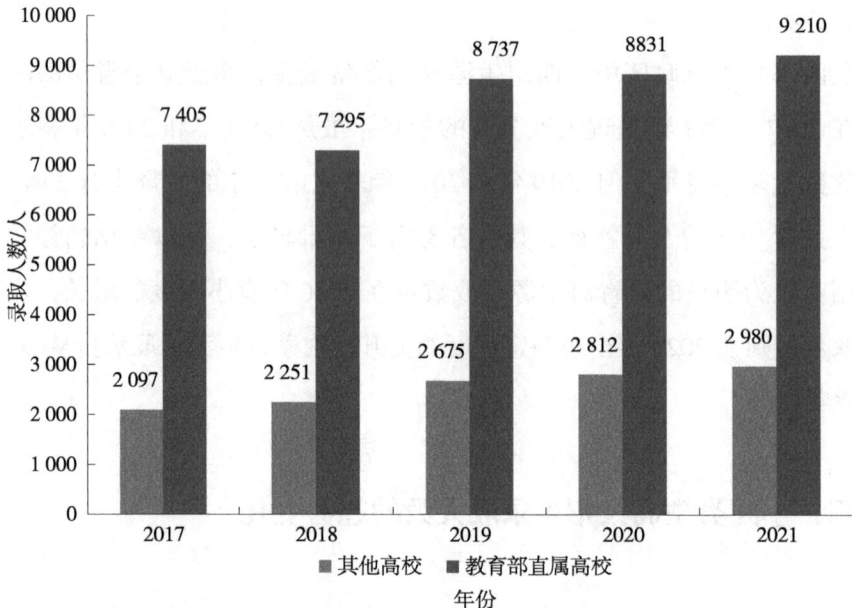

图 2-9 教育部直属与非直属高校招生录取人数趋势变化

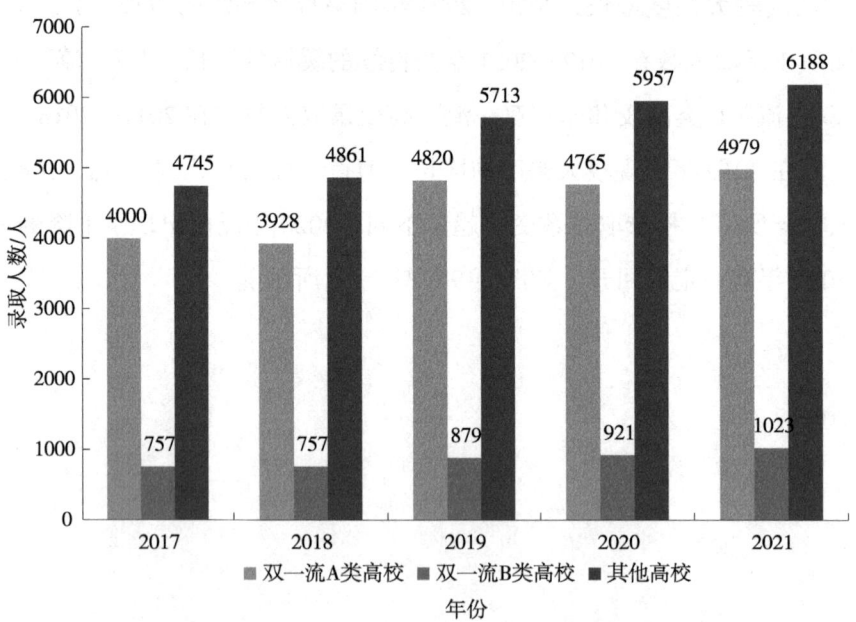

图 2-10 （非）"双一流"高校招生录取人数趋势变化

第四节　本章小结

高校专项计划是专门针对农村学生设计的倾斜性招生政策，为困难家庭提供了高质量的高等教育机会，为底层人群通过教育实现升迁性社会流动提供通道，促进了教育机会公平，是高等教育精准扶贫的重要举措。高校专项计划形成了一个仅有农村学生且相对封闭的高考竞争场域，看似计划本身已经体现了高等教育机会公平与质量的承诺。但在高校专项计划内部，其实施过程与录取结果究竟如何改进仍需进一步探讨。为更好地评价高校专项计划的实施成效，本章基于政策实施现状、招生成效结构性分析与招生成效趋势性分析等方面分析高校专项计划的实施现状和可能存在的问题，研究发现以下几方面问题。

（1）高校专项计划报名条件与2020年前大致相同，仍以三大基本条件为主，附加条件为辅，但识别精度随户籍制度改革的推行出现模糊，而将高校自主权下放至地方，因此对地方的审核工作依赖性较强。

（2）高校专项计划招生专业类别以理工科为主，人文社科专业较多出现在一流大学建设高校中，理工科对全面激活农村新活力具有直接促进作用，与乡村振兴战略行动的发展路径不谋而合。

（3）高校专项计划录取办法以分省择优为主，这与脱贫攻坚任务的推进、户籍制度改革实施相呼应，由于户籍改革进度在各省份存在差异，各省份经济发展和基础教育水平不一，"分省择优"的招生方式更能体现高校专项计划对教育公平的追求。

（4）高校专项计划录取人数与入选资格人数比例的结构性分析中，入选资格人数远远高于录取人数的"宽进严出型"招录方式占主流，也在一定程度上说明了高校专项计划的参与度较高。

（5）高校专项计划录取结果的区域性差异分析中，各省高校招生存在明显的属地化倾向，进一步加剧了专项计划内部的省际差距，教育部直属高校在东、中、西部的招生名额投放存在一定的偏好和失衡，需要进一步在西部地区扩大招生比例，"双一流"A类高校也没有充分发挥对中西部地区倾斜的作用，相对低层次的高校反而对中西部地区学生的录取比例更高，更高层次的高校即使在倾斜性招生计划中可能仍然存在择优选拔倾向的问题。

（6）高校专项计划录取结果的趋势性差异分析中，高校专项计划总录取人数在2017年和2018年两年大致持平，在2019年出现明显跃升，此后2020年和2021年两年的录取人数则呈现平缓的增长趋势。东部高校作为高校专项计划实施高校的重要主体力量，录取人数占比在50%以上，五年间的增长规律与总录取人数的增长规律保持相对一致，东中西部生源数量均呈现逐年增加的趋势，2020年之后，东部和西部地区生源录取人数差距有一定程度的减小。教育部直属高校录取人数与高校专项计划录取总人数变化趋势大体一致，而"双一流"A类高校录取人数却在2020年出现了下降的现象。

对此，建议从以下方面入手来进一步优化高校专项计划政策。

（1）调整专项计划名额分配机制，逐步降低专项计划内部招生的区域差异。考虑到目前专项计划实施高校多以部属高校为主，在执行这一保障农村学生教育机会公平的招生政策时，不应存在明显的属地招生倾向。可以尝试通过采取基于各省应届农村户籍学生比例，结合当年专项计划分省报考人数并适当调整东中西部区域差异的方式，优化专项计划编制与分配方案，进一步向边远、贫困、民族地区倾斜，降低区域差异的固化趋势。

（2）规范并优化高校的选拔方式，保障招生计划公平性的同时合理提升高校人才选拔效率。高校专项计划应以政府统筹形式保障计划内部招生公平，同时放权给高校采取不同形式的招生方式兼顾选拔效率。由于当前每所学校专项计划招生规模不大，高校大多以完成任务的形式执行招生计划，并没有将此项招生工作放在重要位置。此外，现阶段高校的招生方式产生明显分歧，一部分高校参照自主招生组织额外笔试面试考核，此类高校必须加大招生投入，对考生采取相应的赴考资助补贴,或通过远程考核等方式代替学生到校参与选拔,并且需要根据每年的录取情况调整下一年度的优惠分值。而更多高校通过材料审核确定学生的参与资格,进而制订分省招生计划后以高考成绩高低录取,采取此类招生方式的高校须制订统一的选拔标准,遵循中央政府的指导意见编制合理的招生名额分配计划。

（3）进一步加强招生计划的宣传,将政策落实到每一所符合报考条件的县级高中,乃至每一个考生家庭。虽然每年参与专项计划的农村学生人数迅猛增加,但也反映当前参与计划的农村学生还不够充分,尚有许多学生不清楚高校招生计划。高校专项计划政策信息虽然在国家、高校公开的网络平台上均有公布,看似公开透明,但农村学生不能有效地利用网络,所以,应该通过制作专项计划报考手册等方式向西部地区的农村学生发放,让每一个学生及其家庭了解特殊类型招考政策。同时,重点加强并落实高中的政策宣传与信息公开,组织专门的政策解读会,打通政策落实的"最后一公里"。

本章参考文献

曹妍,张瑞娟,候玉娜,2018.补偿还是选拔？"国家专项计划"补偿机会在地区间分配的精准性分析[J].中国高教研究,(8):23-29.

曹妍,张瑞娟,徐国兴,2019.补偿还是选拔？"高校专项计划"政策落实的效果分析[J].江苏高教,(5):84-90.

陈惟杉,郭志强,王红茹,2020.贫困县"清零"后,脱贫攻坚的路还有多远[J].中国经济周刊,(7):30-34.

崔盛,吴秋翔,2018.重点高校招收农村学生专项计划的实施成效与政策建议[J].教育发展研究,(3):18-25,50.

杜瑞军,2022."高校专项"招生政策的动因、挑战及未来走向[J].教育经济评论,(3):23-45.

吴秋翔,崔盛,2018.农村学生重点大学入学机会的区域差异——基于高校专项计划数据的实证分析[J].中国高教研究,(4):70-77.

　　徐东波,袁景蒂,2019.高校专项计划的普遍与差异特征[J].黑龙江高教研究,(5):60-63.

第三章 地方专项计划政策现状分析[*]

面向贫困地区定向招生专项计划（国家专项计划）之后，2014年我国开始实施地方重点高校招收农村学生的专项计划，称为地方专项计划。地方专项计划是地方重点高校定向招收各省份实施区域内农村学生的倾斜性招生计划，其具体实施区域、报考条件、实施规模和培养专业由各省份在国家整体政策的框架下，根据本地实情确定。区别于国家和高校专项计划的国家性定位与较高的招生标准，地方专项计划由各地自主调控并制订方案，招生面向本省域，承担主体的基数更大，对应分数段的学生体量更大，是更多数人的倾斜机会。正是由于上述特征，地方专项计划可以从公平出发，兼顾地方发展效率，根据不同省份的施策前提差异"做足差异"，成为完善倾斜招生公平性政策体系的重要抓手。

本章将在对地方专项计划政策现状分析基础之上，考察2020年后我国进入脱贫攻坚成果巩固阶段、户籍制度深化改革、高等教育普及化和乡村振兴战略实施等宏观形势发展，针对原有专项计划政策体系面临的招生标准模糊化、政策公平成效拓展乏力、与贫困和农村地区发展衔接度不足等问题，进一步分析地方专项计划的政策成效优化方案。

---

[*] 本章部分内容发表于《教育研究》2023年第2期，此处有删改。

第一节 政策演进梳理

一、2014年首次实施"地方重点高校招收农村学生专项计划"

2014年，继国家专项计划后，教育部首次实施地方重点高校招收农村学生专项计划。要求各省（区、市）结合本地实际，安排一定数量的本地所属重点高校招生名额，实施招收本省（区、市）农村学生的地方重点高校专项计划。地方高校专项计划招生规模、实施区域、招生高校、报考条件和招生办法等由各省（区、市）研究确定，并报教育部备案。

二、2015—2017年逐步加大力度的招生政策

继2014年首次实施高校专项计划后，2015年的招生方案又进行了更为细致的规定。要求地方重点高校招收农村学生专项计划（以下简称地方专项计划）由各省（区、市）本地所属重点高校承担，招生计划由各省（区、市）根据本地实际情况确定，原则上不少于有关高校本科一批招生规模的3%。各省级教育行政部门要在保证国家专项计划的基础上，加大本地优质高等教育资源的统筹，指导有关高校足额落实招生计划。地方专项计划实施区域、报考条件和录取办法由各省（区、市）因地制宜确定。各省级教育行政部门须于4月30日前将本省（区、市）地方专项计划实施方案报教育部备案。2016年政策规定内容与2015年保持平稳一致。

2017年，教育部在"不少于有关高校本科一批招生规模的3%原则"的基础之上，规定了招生规模的增长幅度目标。《关于做好2017年重点高校招收农村和贫困地区学生工作的通知》规定："地方专项计划定向招收各省（区、市）

实施区域的农村学生,安排招生计划原则上比 2016 年增加 10% 以上,实施区域、报考条件由各省(区、市)确定,要求实施区域对民族自治县实现全覆盖。"至此,地方专项计划实施力度进一步加强,既有对于计划规模相对占比的规定,也对招生规模增长速率的要求。

三、从 2018 年至今总体平稳运行,地区差异化演进

2018 年,教育部印发《关于做好 2018 年重点高校招收农村和贫困地区学生工作的通知》规定:地方专项计划定向招收各省(区、市)实施区域的农村学生,实施区域和具体报考条件由各省(区、市)根据本地实际情况确定,对本省(区、市)民族自治县实现全覆盖。政策未再对招生规模和增长速率进行具体规定,只是强调地方专项计划实施由"地方决定"。从实际情况来看,各省份基本上仍保持计划规模的增长趋势,同时不同省份的具体政策变化较大,差异明显。这体现出政策进一步扩大弹性空间,向下放权,更为遵循地情规律的演进特征。从 2018 年以来,教育部关于地方专项计划的政策规定内容持续没有变动,政策总体的演进特征平稳,而地区局部的差异有所扩大。后文将结合具体文本内容与实施现状进一步对此进行呈现。

第二节 政策实施现状

地方专项计划是一项我国自 2014 年开始推行,由地方重点高校承担,定向招收各省份实施区域内农村学生的倾斜性招生政策,其具体实施方案由各省份根据本地实情确定。我国实行"两级管理、分级负责、以省为主"的高等教育管理体制,94% 的高校属于地方高校。伴随着我国高等教育办学规模与质量的不断提升,地方重点院校的数量也在逐年增多,成为优质高等教育机会持

续增多的要因。针对地方专项计划，教育部2016年规定"招生计划原则上不少于有关高校年度本科一批招生规模的3%"，2017年又提出"招生计划原则上比2016年增加10%以上"。2017年，地方专项计划共录取27 000人，约占专项计划总数的30%，是高校专项计划录取人数的3倍左右。近年来，有省份出现地方专项录取人数远超其他专项计划的情况。如2022年湖南，地方专项计划录取10 005人，是其高校专项计划的10倍左右，也高出其国家专项计划的7675人，且较之上一年增加3055人，大大高出其他专项计划的增量。实际上，较之另外两大专项计划，地方专项计划的承担高校来源更广，对应招生分数段也更低，故能承担更大招生体量，具备较大政策潜力。但不同地区之间的地方高校建设水平存在差异，可能会影响地方专项计划公平成效，导致政策效果产生地域分化。

一、实施区域与实施对象

报考地方专项计划一般须满足三大条件：①本人符合高考报名条件并已参加本年高考报名；②本人及父亲或母亲或其他法定监护人户籍地须在该省实施区域的农村地区，且本人具有当地连续3年以上户籍；③本人具有户籍所在县（市、区）高中连续3年学籍并实际就读。绝大多数省份以上述内容作为地方专项计划填报的基本条件，要求考生主动准备并提交规定材料，办理资格申报及审核手续，在通过地方教育部门审核后及时公示并报送，如江苏、山东、山西、陕西、海南等省份。但也有省份实施不同规则，只规定"全省范围内具有农村户籍的考生均可报考"，且不组织资格审核，直接以当年普通高校统一考试招生报名时采集的农村户籍信息为准。

地方专项计划是面向农村，具有人群与区域复合属性的倾斜性招生计划，计划招生指标不对应向下分配，统一面向有关实施区域，考生位于实施区域内是重要的报考前提。现行地方专项计划实施区域及对象主要有两个特点：其一，实施对象全部为农村学生，但随户籍制度改革也有新的政策调整。政策前期主要根据户籍识别城乡人群。城乡区域划分一般参考统计局发布的相关标准，由省域内各地科学合理确定。各省份户籍改革制度实施（取消户籍分类）之前，户籍为"农业户口"的考生，通常也被认定为符合报考条件。省份完成取消户籍分类的制度改革后，地方专项实施方案相应调整。如广东在2015年取消了户籍分类，继而以区域限定替代户籍要求。广东规定"实施区域为实施县（区、市）辖区内县级政府所在地的主城区〔即县级政府所在地的乡（镇）或街道办事处及与之联接的乡（镇）或街道办事处〕之外的区域"。该调整意味着实施对象从原有划定区域的农村户籍人口扩展到了划定区域的全部人口，其识别条件从复合的人群与区域转变为单一的区域，须在划定区域的基础上，进行更为精准的锁定，如广东规定"民族自治县全县纳入实施区域"，辽宁将户籍地区范围划定为实施区域的农村，根据相关要求及标准，规定"城乡分类代码中的220（村庄）、210（乡中心区）、123（特殊区域）、122（镇乡接合区）、121（镇中心区）和112（城乡接合区）界定为农村"。其二，多数省份地方专项与高校专项的计划实施区域重合，也有省份不划实施区域，直接面向全省所有农村考生，如甘肃、河南、河北、江西。后一类做法覆盖范围更广，普惠度更高，但施策精度可能不足。对应采取类似措施的省份，主要是因为城乡统一的居民户口登记制度改革尚未完成。江西仍以户籍识别，规定"申报地方专项考生须同时具备2个条件：①已在江西省完成2022年普通高考报名；②本人自高一开始至今具有江西省农村户籍"。

综上，地方专项计划实施区域及对象的确定当前存在三种主要形式：一是城乡统一的居民户口登记制度改革较为彻底的省份，只以区域识别；二是在城乡统一的居民户口登记制度改革尚不完全的条件下，以区域和户籍复合识别；三是在与第二种相类似的条件下，面向全省直接以户籍识别。前两种区域型的识别，可以实现对省域内部城乡与区域双重差距下高等教育入学机会公平的复合调节，施策精度更高。但也因此存在更高施策难度及成本，可能对受众造成障碍，诱发信息发布不匹配，对公平成效的实际扩大产生负面影响。

二、承担高校数量与招生规模

政策出台以来，基本上各省份的地方专项计划招生规模均在持续增长。表3-1显示，所列省份2017—2022年招生规模均呈现增长，绝大多数省份增幅较大且逐年连续，反映出各地持续创造政策增量、拓展公平成效的共同趋势。其中，湖南以年均1441人的增量为最大，山东336人次之；安徽、江西、福建、甘肃、广东、四川等省份的增量也较大，年均增量均大于100人；浙江、宁夏、西藏等省份的增量较小，年均增量均不足50人。增量较多省份既包括湖南、甘肃、安徽等大存量省份，也包括江西、山东、四川等中小存量省份，还有小存量省份的年均增量高出较大存量省份的情况，如贵州和云南高于浙江，这说明地方专项计划规模的增量不受存量的限制，经验并不支持"存量决定增量"的规模变动律。还有规模维持不变的情况，如2017—2021年浙江、2020—2021年山东和福建、2017—2018年吉林，体现出地方专项计划制订及执行过程中的某种惯性。从年份来看，2020年及之后的规模增长总体大于2020年之前，2022年增量尤其大，以湖南、山东、浙江、江西、吉林等省份为典型。

2022年，多数省份地方专项计划的承担高校数较之2017年有所增加。其中，安徽和湖南增加6所，陕西和甘肃增加5所，在列其他高校均增加均少于5所。也有承担高校数未变的情况，如宁夏、吉林、江西、浙江等。值得注意的是，安徽、甘肃、山东、湖南、福建的承担高校数在2020年或之后明显增多，与规模变动的年份特征较为一致，共同反映出2020后的新形势对地方高等教育及其相关政策的重大影响力。总体上，多数省份承担高校数变动较稳定，大都在2018—2019年或2022年跳升。

表3-1 部分省份地方专项计划招生情况

省份与招生情况		2017年	2018年	2019年	2020年	2021年	2022年
山东	承担高校数/所	12	12	12	12	12	16
	招生数/人	1 320	1 460	1 660	2 050	2 050	3 000

续表

省份与招生情况		2017 年	2018 年	2019 年	2020 年	2021 年	2022 年
广东	承担高校数 / 所	14	14	16	16	16	16
	招生数 / 人	1 650	1 750	1 850	1 950	2 150	2 200
浙江	承担高校数 / 所	23	23	23	23	23	23
	招生数 / 人	625	625	625	625	625	800
福建	承担高校数 / 所	9	9	9	11	11	11
	招生数 / 人	1 430	1 600	1 900	2 100	2 100	2 130
安徽	承担高校数 / 所	15	16	16	16	16	21
	招生数 / 人	1 803	2 025	2 225	2 445	2 475	2 650
甘肃	承担高校数 / 所	7	7	7	7	10	12
	招生数 / 人	2 036	2 036	2 141	2 226	2 336	2 540
江西	承担高校数 / 所	10	10	10	10	10	10
	招生数 / 人	410	415	547	764	845	1220
湖南	承担高校数 / 所	8	11	11	14	14	14
	招生数 / 人	2 800	4 425	5 794	6 452	6 950	10 005
吉林	承担高校数 / 所	10	10	10	10	10	10
	招生数 / 人	462	462	512	542	672	861
西藏	承担高校数 / 所	3	4	4	4	4	4
	招生数 / 人	330	340	392	392	402	430
四川	承担高校数 / 所	12	13	13	13	13	13
	招生数 / 人	1 350	1 400	1 610	1 705	1 822	1 940
贵州	承担高校数 / 所	9	9	10	10	10	10
	招生数 / 人	589	749	862	932	936	1044
陕西	承担高校数 / 所	11	12	16	16	16	16
	招生数 / 人	1 585	1 678	1 928	1 958	2 088	2 235
宁夏	承担高校数 / 所	2	2	2	2	2	2
	招生数 / 人	142	160	180	270	334	350
云南	承担高校数 / 所	10	11	12	12	12	12
	招生数 / 人	410	490	560	650	670	720
江苏	承担高校数 / 所	12	12	12	12	12	12
	招生数 / 人	620	620	679	769	779	830

由于地方高教资源尤其优质资源的区域布局不均,地方专项承担高校数量及招生规模的省际差距较大。考虑经济及人口的体量差异后,相对分布不均衡的状况依然明显。这也是各省份难以严格按照指导原则,安排"不少于有关高校本科一批招生规模3%"的招生规模的要因之一。部分省份显得比较"富裕",承担高校数量相对较多而招生规模相对较小,如浙江、云南、吉林等;部分省份又显得比较"紧缺",承担高校数量相对较少而招生规模相对较大,如安徽、陕西等,甚至此类"紧缺"省份校均承担规模仍为增长态势,如山东、湖南、四川、福建等;还有省份承担高校数量与招生规模基本相适,两种体量都不大,如宁夏、西藏。具体而言,浙江2017—2021年地方专项计划招生人数均为625人,一直由浙江工业大学、浙江师范大学等23所高校承担,校均承担27人左右;安徽2021年地方专项计划招生2475人,由安徽大学、安徽师范大学等16所高校承担,校均承担规模为155人,至2022年,其承担高校增至21所,招生规模增至2650人,校均承担规模降至126人;湖南在2017年350人校均承担规模的基础上,陡增至2022年的715人;2022年,贵州、宁夏、陕西和四川等西部省份地方专项的校均承担规模均大于100,且有持续增大趋势。校均承担规模呈现的较大区域差异意味着承担高校数与招生规模之间并非绝对关联。究其原因,既有承担高校校均规模不同的客观因素,更有各省份地方专项计划的政策供需之间不匹配不均衡的问题。

综上可见,地方专项计划招生在总体上粗具规模,且有持续增长态势,未来仍有较大的增长空间,增列承担高校是扩大其招生规模的重要方式。更重要的是,招生规模及其变动的显著区域差异,反映出政策供给水平及能力的区际差异。实际上,这是不同省份地方高校布局数量、建设水平、地方重视程度及政策供需均衡情况的差异。

三、招生专业结构

地方专项计划分专业结构的招生计划,一般会依据本省份社会经济发展的需求，并结合招生学校的招生规模、办学条件和办学特色等进行编制，具有较强的区域性和导向性。不同省份关于招生专业的政策规定侧重有所不同，根据高等教育内部与外部的发展逻辑差异，可以将其大致定义为"外需为主"和"内适为主"两种结构特征。

"外需为主"是指主要根据本地的社会经济发展需求确定招生专业结构。如广东规定"招生专业以为我省产业转型升级、实施创新驱动发展战略提供支撑的理工类专业及贫困地区经济和社会发展急需的农林、医学、师范等专业为主"，便是按照产业转型升级、创新区域战略、相对贫困地区急缺等的外部需求投放专业，体现为本地输送人才的导向。"内适为主"是指主要根据承担高校的办学条件及特色确定招生专业结构。如浙江规定"招生专业由高校从本校具有特色的专业中确定"，其专业设置主要以高校自身办学条件为依据。对于地方发展来说，主要按内适逻辑设置专业体现更多的平衡性价值，可以理解为对地方高等教育发展成果的分配改进，而直接服务于本地社会经济的发展性考量相对较少。

多数省份地方专项的招生专业计划编制兼顾"外需"和"内适"。如山东规定招生专业计划"依据招生学校的招生规模、办学条件和办学特色等编制"，并"以农林、水利、地矿、机械、师范、医学及其他适农涉农类专业为主"，这与本地医药生物、煤炭、化工等的支柱产业发展和乡村振兴的大量人才需求相契合。山东 2022 年的招生计划显示，承担高校提供了 300 个以上的农林及其他适农涉农类专业的招生指标，约占地方专项总数的 10%。西藏 2022 年的招生计划显示，西藏农牧学院、西藏藏医药大学等富有地方特色、对接地方紧密的承担高校及其专业招生 188 人，占总计划的 40% 以上，同时当地紧缺的教育类、师范类专业招生 136 人，约占总计划的 30%，也体现出了"内外兼顾"的专业投放特征。

第三节 招生成效分析

一、政策调整逻辑

加大高校专项招生倾斜力度,拓展政策公平成效,已经成为明文确定、势在必行的政策实践进路。政策调整本身也是为应对进一步凸显的优质高等教育分布不均衡问题,地方专项计划同样遵循体量增大的政策总体调整方向。从具体实施区域上看,山东将地方专项计划实施县从2021年的40个增至2022年的63个,2014—2022年,广东从21个增至30个,山西从22个增至26个,陕西从56个增至73个。此外,各省份地方专项计划的承担高校数与计划招生规模,也普遍明显增长。上述变化既体现了实际的政策前进方向,更彰显了党和国家拓展教育公平的决心及正向引领。

但是,在增大政策体量与拓展公平成效的大方向上,还需充分把握地方专项计划的地方性定位,为差异化、高效率的政策调整寻找依据。政策变革中政策决定者和政策接受者是互相联系、互相制约的对立统一关系,这种对立统一关系内嵌于政策的供给方与需求方的互动关系之中,决定着政策的动态调整过程。政策只有通过实现供需均衡,才能更有效地调整。有学者提出适配理论(Muchinsky,Monahan,1987),根据主体各自特质之间的适配性,可以将主体之间的适配分为相似性适配与补偿性适配。补偿性适配要求从供需平衡入手解决问题,契合政策供需双方互动关系的特点。为此,运用补偿性适配理论,以供需平衡为依据,分析地方专项计划如何在2020年后进行相应的政策调整。

解决省域内部城乡学生的高等教育机会差距问题是地方专项计划的功能与目标,也是须应对的内在需求。城乡高等教育机会公平由城乡之间的教育资源分配不均衡和城乡收入差距等决定。省域内部城乡差距越大,地方专项计划越应加大力度。省域内部需求是政策调整并做出地区差异的主要依据，相应将各省份分为"强""弱"两种政策需求类型。有学者（Kritof，1996）将补偿性适配分为"需求—供给"和"要求—能力"两类。"需求—供给适配"是指满足需要和期望情形下的适配，"要求—能力适配"是指有能力满足要求条件下的适配。一方供给能够满足另一方的需求，主体之间就会形成补偿性适配关系，进而提升整个政策系统的运转效能。对地方专项来说，政策供给体现为招生规模大小，供给能力是承担主体的一种能力，主要由地方高校的建设水平（包括数量、质量和学科等）决定。根据供给规模大小或供给能力强弱，再将各省份大致分为"强""弱"两种政策供给类型。综上所述，构建出图 3-1 的政策供需匹配矩阵。

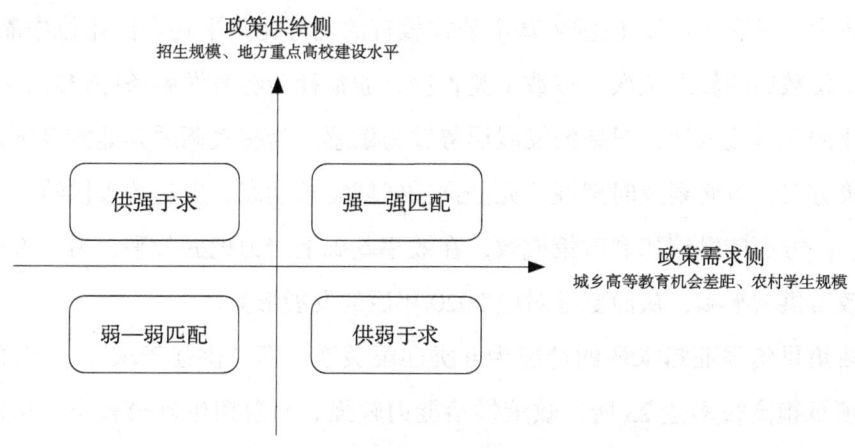

图 3-1　地方专项计划的政策供需匹配矩阵

假定地方专项计划的政策供需匹配存在四种状态。对供需强弱关系的判别可以基于三种方法：其一，根据一定报录比条件下的学生数直接判断。若某省实际提供的地方专项计划招生数，大于考生总数乘以根据需求或政策目标估算的报录比得出的招生数，便判别为供强于求。但该方法的难点是科学估算报录比。其二，考虑适龄人口变动、政策存量、城乡差距等多个宏观参数，综合设定供需标准，即采用绝对判断法。假设中央设定了一个城乡高等教育机会均等化的完成标准，那么某省只要达到该标准，便判别为弱需求型。这种方法类似于绝对贫困线的划定，可以明确提供量上的参考，也能为未来的政策存续问题提供决策参考。但当前该领域的理论及经验研究方兴未艾，尚未形成统一的标准。其三，根据政策供需变量的平均值、中位数等相对判断。若某省份的需求水平超出全国平均水平，便判别为强需求型。其他情况同理。政策需求变量主要包括省份的社会经济规模、高考人数、城乡差距等。政策供给变量包括供给能力与供给规模，前者由地方高等教育特征决定，后者是实际供给水平。本书分析将主要基于最后一种相对判别法展开。

政策供需强度均较强且相互匹配的情况为Ⅰ类匹配关系，即"强—强匹配"，如广东。广东既是人口大省，又是经济大省，GDP规模、常住人口规模以及每年的高考人数均远超全国平均水平。其地方专项计划的招生数和承担高校数较大（见表3-1），但城乡基本公共教育的均等化水平在全国排位中靠后，位于中位数后的较远位次。多数Ⅰ类省份，通常社会经济发展条件较好，是我国主要的人口流入地，对新的发展形势较为敏感。为有效调适其地方专项计划的政策方案，有必要及时把握、充分预估省域需求动态，再从政策供给上相应调整。一方面应继续拓展政策成效，在效率基础上着力把握公平，另一方面应稳固政策供需平衡，从而更好对应2020年后的发展形势。

政策供给强而需求弱的情况为Ⅱ类匹配关系，即"供强于求"。浙江的地方专项承担高校多达23所，政策供给能力较强，而总招生规模较小。从需求上看，浙江2020年的城镇化率高居全国第六，总体城乡差距较小。故浙江是典型的"供强于求"。此类省份一方面须进一步将政策的供给能力实际转化为供给水平，另一方面应承担更多面向全国的倾斜性招生任务，适度降低地方专项在本省倾斜性招生总计划中的占比。通过向下放权，在各地"做足差异"以提升政策效率，是地方专项计划政策调整的重要思路，但也可能因此造成Ⅱ类省份进一步拓展公平的动力缺失。对此，应坚守公平性的政策起点及底线，中央可以考虑划定任务承担下限等的措施，来保证在Ⅱ类省份地方专项的政策公平成效能够持续扩展。

政策供需强度均较弱且相互匹配的情况为Ⅲ类匹配关系，即"弱—弱匹配",如海南和西藏等。无论是从高考人数的绝对规模或相对规模,还是从社会经济发展的绝对体量或相对体量来看,海南和西藏都应归为弱需求型。其地方重点高等院校的数量及招生规模在相对和绝对水平上均较小,所以同时归为弱供给型。Ⅲ类省份因为体量小、需求弱,所以更容易实现城乡高等教育机会均等化,政策目标的达成难度小。但通常此类省份的社会经济发展水平相对较低,外部人才吸引力也较弱,故地方专项应更多注重社会经济价值的发挥,应聚焦招生结构的优化以及招生培养之后的人才续留问题,将政策调整重点从机会数量上的扩展,更多转移到质量与结构上的深入。

政策供给弱而需求强的情况为Ⅳ类匹配关系,即"求强于供",如河南。2020年,河南的农村常住人口数4400万以上,高居全国第一,其高考人数也远超全国平均水平。无论是从地方重点高校数量及规模决定的政策供给能力,还是从实际招生规模来看,河南省地方专项的供给与自身较大的政策需求之间脱节严重。"求强于供"匹配关系的一面是地方高教资源尤其优质资源布局不足导致的政策供给不足,另一面是本地社会经济发展不充分不平衡导致的政策需求激增。此类省份应通过强化地方高校建设、增列承担高校、扩展实施范围、加大招生规模等途径直接提高政策供给水平,辅之以招生专业结构优化、本地化培养、扎根情怀厚植等措施提高毕业生续留率,更好满足本地发展的人才需求。

综上所述,根据当前各个省份实施地方专项计划的情况,可以将其一一归入上述四类的政策供需匹配关系当中,进而采取不同的政策调整措施。从理论上讲,地方专项计划应在不同地区"做足政策差异",从公平出发,更多兼顾地区发展效率,在加大政策放权的基础之上,针对Ⅲ类和Ⅳ类匹配关系补齐政策供给较弱的短板,Ⅲ类省份尤其要调整政策结构,以深度融入本地的社会经济发展,Ⅳ类省份尤其要快速提高供给能力,加大地方优质高教资源的布局力度;针对Ⅰ类和Ⅱ类匹配关系要稳固公平成效,在积极适应新发展形势的同时,维持政策供需的基本均衡,Ⅰ类省份须兼顾公平拓展与效率提升,既更好满足"上好学"需求,促进地方高等教育发展成果由人民充分共享,又为本地社会经济发展更好地发挥支撑作用，Ⅱ类省份须坚守或扩大政策的公平成效，并积极承担更多其他的全国性倾斜性招生任务。

二、成效优化建议

2021年4月，教育部等四部门共同发布的《关于实现巩固拓展教育脱贫攻坚成果同乡村振兴有效衔接的意见》提出："继续实施重点高校招收农村和脱贫地区学生专项计划"，将专项计划作为了拓展教育脱贫成果同乡村振兴衔接的抓手。当我国高等教育进入普及化阶段，伴随着国家级扶贫开发重点县的脱贫摘帽，以及我国户籍制度改革的全面铺开，如何进一步巩固拓展教育脱贫攻坚成果，并同乡村振兴战略高度衔接，这不仅赋予了专项计划政策新的使命，也指明了地方专项计划政策调整的目标和优化的方向。

首先，优化专项计划政策体系，构建政策调整核心抓手。在现有专项计划政策的制度体系之下，由于国家和高校专项计划在招生标准上要求的"卓越性"，招生规模的增长空间有限，仅通过精准定位人群、优化选拔流程等手段仍不足以充分扩展专项计划政策的公平成效。地方专项计划凭借承担高校分布的广泛性、普适的录取标准和较大的办学规模，具备较大的政策潜力空间，理应成为专项计划政策调整的核心抓手。考虑到未来国家和高校专项计划承担主体向地方高校扩展的可能，以及各省份不同的政策供需情况，地方专项计划在各省份配置的规模也需要调整，相应带动另两大计划招生名额的区域配置格局调整。具体实施层面，可宏观调控地方专项计划名额配置的区域结构，以各省份的政策供需状况为依据，以跨省份的区域招生协同合作为手段，调整计划的总招生名额。从理论上讲，应将Ⅱ类匹配关系型的省份招生名额，基于地方专项计划的跨省协同合作，向其他型尤其是Ⅲ类匹配关系型的省份转移，政策的总增量也应优先布局与Ⅲ类匹配关系型的省份，其中还包括地方重点高校建设的各种资源增量。

其次，有效定义不同招生标准，科学识别政策实施对象。原先专项计划实施对象主体为农村和贫困地区学生，识别条件未能直接与经济状况等其他条件挂钩，最终可能出现"奶油层"效应，即经济资本和文化资本相对充分的群体受益。特别是从全国层面执行的国家和高校专项计划，在单一靠区域和户籍识别的条件下情况尤其明显。2020年后，由于脱贫事业进入相对治理的巩固期，加之城乡统一的居民户口登记制度改革逐渐全面彻底，在原识别困境未解的同时，还面临着招生标准模糊化的问题。因此，应以地方专项计划为抓手，根据各省份差异科学定义不同招生标准，进一步优化改进区域划定等核心识别要素。具体实施层面，可从户籍和区域的复合方式逐步向精准划定区域的方式转变，妥善应对户籍变动，避免多重交叉补充。在区域划定上，各地需要处理好普惠和精准之间的辩证关系，应以实际生活在农村地区为主要判断依据，同时实施区域应适度、渐进地向同类发展水平区域扩展。

再次，倾斜性招生普惠化发展，继续拓展教育公平成效。与两大专项计划不同，地方专项计划招生主体是地方重点院校，对应分数段的学生体量也更庞大，可以给更多学生提供倾斜性高等教育机会。因此，从政策供给主体来看，地方专项计划政策应作为倾斜性招生普惠化发展的主要途径，将成为未来继续拓展教育公平成效的重要途径。具体在扩大地方专项计划政策的实施成效上，可以采取直接扩大已承担院校的招生规模、增列承担高校数量、增划实施区域、扩展实施对象等手段。建议将承担院校确定招生规模的总体思路，从以学校招生规模划定比例（如不低于当年招生规模的3%）改进为按本省农村适龄学生总量的适当比例划定招生计划总量，再对应向承担高校分配，也就是将政策惠及规模从供给端向需求端转变。同时，在专业结构上，应兼顾考虑地方高校办学条件及特色，注重对本地产业结构的适应性，对于专业结构与本地社会经济发展适切性较高的高校，可较多承担计划份额。

最后，有效衔接乡村振兴战略，助力缩小区域发展差距。高校对于乡村振兴支撑作用，一方面依靠地理或政策邻域内高等教育机构的服务职能，另一方面主要依靠高校毕业生向乡村的流动与扎根。国家和高校专项计划承担的重点高校分布大多集中在中心城市，不仅衔接各地乡村振兴的"距离"过长，而且毕业生流向乡村地区的概率也相对较低。而地方专项计划的承担主体为地方高校，政策方案由地方政府制订，所以借此政策衔接本地城乡发展战略也具备较强的内生驱动。此外，地方高校的学科专业设置和人才培养模式与地方经济社会发展联系更为紧密，专业匹配性也进一步提高了人才输送的稳定性，降低了毕业生外流的可能。具体实施层面，可鼓励本省地方专项计划学生在省内县域、农村就业（参照高校专项计划学生返回生源地本省就业的奖励计划），给本省基层就业、返乡就业、专业对口就业的学生予以返还学费、发放奖学金等奖励。同时，在校学习期间可以对地方专项计划学生加强地方化的社会实践和实习实训，实现人才的柔性"引、育、留"工作，强化地方专项计划学生与本地社会经济发展之间的情怀植根与理念融合。

第四节 本章小结

地方专项计划是地方重点高校定向招收各省份实施区域内农村学生的倾斜性招生计划，其具体实施区域、报考条件、实施规模和培养专业由各省份在国家整体政策的框架下，根据本地实情确定。2020年后，伴随我国进入脱贫攻坚成果巩固阶段、户籍制度深化改革、高等教育普及化和乡村振兴战略实施等宏观形势发展，原有专项计划政策体系面临着招生标准模糊化、政策公平成效拓展乏力、与贫困和农村地区发展衔接度不足等的问题，讨论地方专项计划何去何从成为题中应有之义。研究发现：

第一，区别于国家和高校专项计划的国家性定位与卓越招生标准，地方专项计划由各地自主调控并制订方案，招生面向本地，承担主体基数更大，对应分数段的学生体量更大，是更多数人的倾斜机会，还具备较大的政策扩展潜力，应成为帮助更多弱势学生群体获得优质高等教育机会的抓手，并为衔接新型城镇化与乡村振兴战略，解决城乡发展的不平衡不充分问题产生价值。

第二，面向2020年后的新形势，地方专项计划应从公平出发，兼顾地方发展效率，根据不同省份的政策供需情况，向下放权"做足差异"，在各省份扩展实施区域、增列承担高校的过程中，更好地衔接当地社会经济发展需求，并以此为机带动专项计划政策体系的整体完善和普惠化发展。

第三，未来有必要着力构建"三大专项计划"协同互补的倾斜性招生政策体系，扩大地方专项计划的招生区域范围及规模，增列招生高校，优化招生的专业设置结构及人才培养模式，坚定扩大地方专项计划的政策成效。

本章参考文献

曹妍，张瑞娟，侯玉娜，2018.补偿还是选拔？"国家专项计划"补偿机会在地区间分配的精准性分析[J].中国高教研究，(8)：23-29.

崔盛，田浩然，2023.地方高等学校专项招收农村学生的现状与优化[J].教育研究，(2)：101-111.

崔盛，吴秋翔，2018.重点高校招收农村学生专项计划的实施成效与政策建议[J].教育发展研究，38(3)：18-25，50.

丁雅诵，2022.推进教育公平 共享优质教育（谱写新篇章）[N].人民日报.

杜瑞军，2022."高校专项"招生政策的动因、挑战及未来走向[J].教育经济评论，7(3)：23-45.

范逢春，谭淋丹，2018.城乡基本公共服务均等化制度绩效测量：基于分省面板数据的实证分析[J].上海行政学院学报，19(1)：53-64.

李立国，吴秋翔，2018.专项招生计划，从数量公平到质量公平[N].光明日报.

李立国，吴秋翔，2020.从权利平等、机会平等到发展平等——基于我国倾斜性招生政策的分析[J].教育研究，41(3)：95-105.

马莉萍，潘昆峰，2013.留还是流？——高校毕业生就业地选择与生源地、院校地关系的实证研究[J].清华大学教育研究,34(5):118-124.

唐汉琦,2015.重点高校面向贫困地区定向招生专项计划的政策反思[J].考试研究,49(2):13-18.

唐丽霞,2021.乡村振兴战略的人才需求及解决之道的实践探索[J].贵州社会科学,(1):161-168.

吴秋翔,2022.从"县中塌陷"到县中振兴:高考专项计划如何改变县中困局[J].中国教育学刊,(2):8-14.

吴秋翔,崔盛,2018.农村学生重点大学入学机会的区域差异——基于高校专项计划数据的实证分析[J].中国高教研究,(4):70-77.

吴秋翔,李立国,2021.重点大学专项计划学生的非认知表现——基于"负担综合征"的质性研究[J].复旦教育论坛,19(5):73-80.

熊静,杨颉,2018.招生政策倾斜背景下农村、贫困专项计划大学生学业适应研究——基于某"双一流"建设高校的实证调查[J].中国高教研究,(7):30-38.

岳昌君,邱文琪,2020.规模扩大与优质高等教育入学机会均等化[J].高等教育研究,41(8):22-34.

朱光磊,裴新伟,2021.中国农民规模问题的不同判断、认知误区与治理优化[J].北京师范大学学报(社会科学版),(6):127-138.

张曙光,1992.论制度均衡和制度变革[J].经济研究,(6):30-36.

Amy L, 1996. Person-organization Fit: an Integrative Review of its Conceptualizations, Measurement, and Implications[J]. Personnel Psychology, 49(1): 1-49.

Muchinsky P M, Monahan C J, 1987. What is Person-environment Congruence? Supplementary Versus Complementary Models of Fit[J]. Journal of Vocational Behavior, 31(3): 268-277.

Peter M. Hall, Patrick J W. McGinty, 1997. Policy as the Transformation of Intentions[J]. Sociological Quarterly, 38(3): 439-467.

第四章　倾斜性招生计划与高中学生发展*

倾斜性招生政策面向农村和脱贫地区（原贫困地区），国家专项计划针对以原国家级贫困县为代表的贫困地区学生，高校专项计划与地方专项计划则招收县及县以下的农村生源，招生政策的属性使其能最大限度发挥高考升学指挥棒的作用，对实施区域的高中（本章或简称为政策对口校）发展产生深远影响。这些地区的高中承载了老百姓对本地教育的信心和社会流动的希望，是城乡教育的纽带，连接起农村地区和脱贫地区学子向重点大学流动的通道。

本章以贵州某原国家级贫困县为例，通过半结构化访谈，就当地高中教育发展、高中升学选择等不同主题与33人进行一对一或一对多访谈，并对访谈内容进行文本解读。访谈对象包括2名地方教育行政部门负责人（编号为A）、12名高中教育管理者与教师（编号为T）、5名学生家长（编号为P）及14名学生，其中4名本县通过倾斜性招生计划考入重点大学的学生（编号为SG）、4名本县中考生源到县外上高中的学生（编号为SO）、2名县外中考回流至本县上高中的学生（编号为SC）和4名本县中考生源留在本县上高中的学生（编号为SS）。同时，研究还对该县2015—2021年中考成绩及升学去向、2018—2021年高考录取情况等行政数据分析，其中高考年份对应了2015—2018年中考的入学情况。

---

* 本章部分内容发表于《中国教育学刊》2022年第2期，此处有删改。

第一节　研究背景

目前，我国有 0.72 万所县域普通高中，占全国普通高中数量的 51%，在校生规模更是超过了一半，达到 1468.4 万人（程婷，2021）。这些中学对县域教育发展是重要的基础，具有支撑和引领作用，是城乡教育的纽带，寄托了老百姓对教育改变命运的最后期望。同时，高中教育的发展关系到县域经济发展所需的人力资源、产业布局和社会发展，对推进新型城镇化建设和乡村振兴战略具有重大意义（程建平，2020；吕玉刚，2021）。但 21 世纪以来，随着城镇化、工业化进程加快，县城的经济地位在下降，县域人口大量流向城市，大批初中毕业生流向城市高中就读，县域高中的教育质量出现了不同程度的滑坡，影响了县域经济社会的稳定与发展（蒋刘恩，2019；雷望红，2021；吴汉锋，2021）。

以样本县为例，在地方教育工作者看来，办好一所学校无非三方面的基本要素：好的办学条件、好师资及好生源。虽然办学投入受制于地方的经济发展水平，但地方政府对教育的投入也在逐年提升，同时即使部分师资存在流动现象，但在很长一段时间内保持相对稳定。因此，当教育投入和师资没有退步，那为什么学校看上去在倒退？其根本原因出在了生源上，优质生源的流失日益严重，"生源流失是家长、学生用脚投票的结果，投出了对生养之地基础教育的不信任票（A01）"。从 2015—2021 年该县学生中考升学情况来看，中考成绩排名前十的学生，除 2018 年保留 5 人外，其余各年留在本地高中就读的不到 2 人。表 4-1 呈现了各年中考成绩前 100 名学生的升学去向，这 100 人是该县优质生源的风向标。2015 年仅 44.12% 的优质生源留在本地就读，随后逐年上升，到 2018 年达到了最高值 61.76%，但自 2019 年起学生又大量外流，2020 年仅 24.00% 的学生留在本地上高中。总体上看，优质生源外流比例较高，平均每年接近 6 成优质生源选择去外地高中就读，其中 2017 年、2019 年及 2021 年的拐点值得注意（如表 4-1 所示）。

表 4-1　2015 年至 2021 年中考成绩前 100 名学生高中升学去向及本县学生保留率

年份	就读本地高中人数 / 人	就读外地高中人数 / 人	本地学生保留率 /%
2015	45	57	44.12
2016	46	55	45.54
2017	61	42	59.22
2018	63	39	61.76
2019	42	60	41.18
2020	24	76	24.00
2021	31	69	31.00

说明：由于存在同分情况，各年中考前 100 名学生可能出现略少于 100 人或多于 100 人的情况。

一、生源流失的第一种解释：人们对优质教育资源的理性选择和流动意愿

"我们县离地级市、遵义和贵阳都在 2 小时左右的车程，特别是 2019 年年底高铁开通，到贵阳只要 28 分钟，到市里只要 22 分钟，人口流动非常方便，小孩子甚至可以每天往返于贵阳上下学。跟这三个地区相比，县里的经济和教育发展就相对滞后。不是我们不发展，而是外面发展得太快，相比之下差距就越来越大。在这样一个三角区位中，老百姓选择去外地工作、上学无可厚非（A02）"。高铁的开通促使人口流动的便利性大大增加，助推了学生和家长选择到那些更高行政级别并拥有更好公共服务的城市的就学意愿，这也解释了表 4-1 中 2019 年本地优质生源保留情况的骤然下降，在高铁开通后的首年（2020 年）一度跌倒了最低点。另外，更高行政级别城市公办中学可以在辖区内进行招生，也会吸引走一部分优质生源。一位家长坦言："我孩子能考上贵阳一中，我一定要把他送过去。那儿的（学校）清华、北大每年考上二三十个，一本率都在 90% 以上，没几个人考不上大学。那我留在本地一中，即使

是这儿最好的学校、最好的班,上一本的可能性也小很多(P03)"。在家长的眼中,一所中学能考上清华大学、北京大学的人数及一本率是最有说服力的指标,是老百姓认知中的显性因素,直观地反映了中学的教育质量。

二、生源流失的第二种解释:在盲目跟风中形成的社会风气,造成了更大规模高中生源的流失

"追求优质资源是人之常情,刚开始是理性行为,但慢慢地选择在哪里上学变成了家长间茶余饭后的谈资,会聊到你的孩子怎么不出去,逐渐产生了一种大家都出去读书的社会错觉"(T01)。这种风气发于小部分人的理性选择,那些家庭社会经济地位较高群体会主动把孩子送去更发达地区接受更优质教育;但逐渐在本地校长、老师及公务员身上愈演愈烈,"我们的干部、老师都对本地教育没有信心,你看他们的子女都送出去上学了,他们的行为就为了一个风向标,老百姓一看也就跟着往外跑,怎么会有信心"(A01)。继而,在这些风向标的"指引"下,老百姓就产生了对本地教育质量的怀疑,即使他们并不了解教育的真实情况,也要挖空心思甚至是砸锅卖铁供孩子去外地上学。当然,这种盲从也体现在对清北率、一本率等升学指标的崇拜上,"不要说多少人上了浙大、人大,他们(老百姓)只看上清北的人数、上600分的人数,即使他们的孩子可能连二本都上不了"(A10)。

三、生源流失的第三种解释:在恶性招生竞争中对本地教育产生的误解

一位曾在外地上初中回流至本地上高中的学生提道:"我们初中班主任会跟我们说,一中(老家的学校)的教育质量不行,环境很差,高考的升学结果也没有我们的高中部好(SC01)"。而另一位到外县民办中学的学生谈道:"在中考模拟考的时候,就有人上门联系我,让我中考志愿填他们的学校,读高中

可以给我免学费，每年还有 3000 元奖励（SO02）"。自 2020 年起，当地中考招生才得以真正规范，即录取到哪所高中必须就读（这也是表 4-1 中 2021 年本地生源保留率出现上升拐点的原因）。在此之前，学生即使被本地公办中学录取，也可能被其他学校用各种利益手段引诱走。例如，民办学校通过升学率吸引、重奖等方式"掐尖"。直到现在，即使招生规定做出了诸多限制，但更为灵活的民办学校还是可以在中考前与学生谈妥，做出免学费、进好班、保升学的承诺，诱导学生在中考时仅报考对应的中学。相比之下，本地公办高中并不主动向潜在学生进行招生宣传，当然也缺少宣传的亮点与实力。

因此，即使当地高中教育投入与办学条件也在逐步改善，师资保持稳定，但与大中城市学校相比，当地高中的发展呈现相对的衰落，根本原因在于优质生源的流失。当叠加了交通便利等促进人口流动的因素及地方老百姓对升学指标的崇拜时，产生了"生源流失—高考升学结果差—老百姓失去信心—生源再流失"的恶性循环，循环的核心变量正是生源与高考升学。生源流失反映了老百姓对本地基础教育的失望，开始于部分人对追求优质教育的理性选择，随后逐渐演变成一股"本地教育差，必须要出去"（T06）的社会风气，在地方教师、公务员等群体风向标的指引下，在以域外民办中学为主体的恶性招生竞争的催化下，老百姓崇拜清北数、一本率等升学指标，盲目跟从选择到外地上学，忽略了个体在教育投入与教育收益上的理性计算，失去了对本地教育最起码的信任，并且这种不信任是想当然的、在不了解本地教育真实情况下做出的非理性判断。

第二节　倾斜性招生计划吸引生源回流

在相关提案、研究与媒体报道中，除了优化结构布局、改善办学条件、加强教师队伍建设、完善政策保障等方面的措施外（程婷，2021），还提到了要在高等学校招生中给予县及县以下中学政策倾斜，扩大县域学子就读国家重点高校的机会（吕巍，2021；张志勇，2021）。倾斜性招生计划覆盖我国农村地区与脱贫地区，以县为主，着力缩小区域间、城乡间优质教育资源的差距，有助于促进教育公平（李立国等，2020），政策覆盖区域的高中也成为了政策的直接受益者。有研究指出，高校倾斜性招生计划在省际间高考名额分配和重点大学入学机会上发挥了重要的调节作用（曹妍等，2018），有助于缓解省内教育的垄断程度（郭丛斌等，2021）。但是，这一政策在县的层面具有"选拔性"，特别是那些经济与教育发展更好的贫困县获得了更多名额（马莉萍等，2021）。

一、高校倾斜性招生计划极大程度地改善了对口高中学子接受高质量高等教育的机会，从个体到高中再到地方均有所受益

虽然中考高分考生的保留情况依然严峻，但高考升学情况不断提升（如表4-2所示），2019年三大专项计划录取该县学生72人，到2020年达到了最高值136人，最大增幅为83.82%，其中农村学生最为受益，历年的录取占比在8成以上。特别是2020年、2021年均有学生通过倾斜性招生计划考入北京大学，在当地引发了巨大反响，打破了连续14年没有应届生上清北的情况。同时，平均每年通过倾斜性招生计划进入原"985"工程院校、原"211"工程院校的学生分别占到了6成和3成以上，考入原"985"工程院校的总体人数也在增多，说明倾斜性招生计划帮助该县学生更多地进入到更高层次的重点大学。

表4-2 2018—2021年高校倾斜性招生计划及重点大学录取情况

	类别	2018年	2019年	2020年	2021年
倾斜性招生计划分户籍录取情况	农村户籍人数/人	108	55	114	107
	城镇户籍人数/人	12	17	22	22
	农村户籍占比/%	90.00	76.39	83.82	82.95

续表

类别		2018 年	2019 年	2020 年	2021 年
原"985"工程高校录取情况	倾斜性招生计划取人数 / 人	12	6	15	13
	非倾斜性招生计划录取人数 / 人	5	8	7	8
	倾斜性招生计划录取占比 /%	70.59	42.86	68.18	61.90
原"211"工程高校录取情况	倾斜性招生计划取人数 / 人	53	33	75	66
	非倾斜性招生计划录取人数 / 人	125	119	112	94
	倾斜性招生计划录取占比 /%	29.78	21.71	40.11	41.25

二、通过倾斜性招生计划上名校的案例具有很强的示范效应，提振政策对口高中的教育信心

"上清华、北大在地方是极具影响力的，某一年有孩子考上，大家觉得可能有运气好的成分，但连续两年都有人考上北大，这就给出了一个积极的信号，我们县的教育能培养出清华、北大的学生"（A01）。"我们听说了县里有学生上了北大，虽然没见到公开宣传，但这样的好消息很快在饭桌上传开，大家会觉得我们县这两年教育有起色"（P01）。通过倾斜性招生计划一是让县里有了考上清北的学生，二是考上其他重点大学的人数也在增多。这样有显示度的升学案例发挥了巨大的示范效应，提振了就读学生、任课教师和教育管理者的信心与士气。有学生提道："2020 年考上北大的同学是我们初中毕业的，她给我们介绍了在一中就读的感受，也让我对学校和自己的未来充满信心"（SS03）。同时，老师也受到了很大的鼓舞，"高三任课老师跟学生都憋着一口气，要考出好成绩给别人看。当我教的班级有学生考上了清北，也有其他'985'高校，精神上就很提气，能够自豪地跟别人说我们的学生很棒"（T05）。

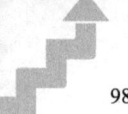

三、地方政府以倾斜性招生计划为契机，集中优质教育资源开展分层教学，打造培优项目

有了出色的升学结果，相应的配套支持也更容易争取。从2017年起，该县政府以让"老百姓放心留在当地读书"为愿景，在部分有条件、有能力的高中（2所公办中学，2所民办中学）开展分层教学试点，对本地拔尖学生进行培优，并设立专项扶持资金用以提升教师待遇、组织教师培训、发放学生奖助学金等。实施分层教学与培优计划是当地探索突破现阶段高中教育资源瓶颈的路径，也是提升高中教育质量的第一步。"培优项目要在三年内实现计划内全部学生上一本线、至少有1名学生被北大或清华录取等目标，而专项计划是助其实现这些目标的核心途径之一"（A02）。结合数据也可发现，分层教学与培优项目的开展使该县优质生源保留率从2016年的45.54%提升至2017年的59.22%。这样与倾斜性招生计划相结合的分层教学形式是当下农村地区与脱贫地区中学利用有限资源与外地民办中学为主的超级中学和更高行政级别城市的公办中学争夺优质生源的一张底牌，也是回应本地老百姓关心的教育质量问题，这些班级一定程度上成为当地中学教育质量的标杆与重塑地方教育信心的推手。

四、倾斜性招生计划引发了部分优质生源的回流，也对留在本地上学的学生产生激励，打破了原本高中发展的恶性循环

倾斜性招生计划对优质生源的吸引作用体现在三个方面：其一，通过政策考入重点大学的政策吸引与高显示度升学案例的示范效应。这是从当地中学不断向好的升学结果来看的，学生真实感知到本地教育质量有所提升。特别是当有人考上清华、北大两所名校的示范作用，在当下追求升学结果的"逐利"风气中也对学生产生了吸引，让部分学生选择回流，让留在本地的学生看到希望。其二，政策对申请者在政策实施地户籍与学籍的限制条件。例如，国家专

项计划要求学生具有实施区域当地连续3年以上户籍，其父亲或母亲或其他法定监护人具有当地户籍，且学生具有户籍所在县高中连续3年的学籍并实际就读；高校专项计划也做出了类似的限制（教育部办公厅，2019）。这些要求限定了只有本县户籍并在当地高中实际就读的学生能够享受政策扶持，而那些选择去外地上学的学生被排除在外，这便使部分致力于参加倾斜性招生计划的学生及其家庭主动选择留在本地就读，"中考前，校长来我们初中宣传，讲了这些年一中有人考上北大的事情，也提到是通过专项计划享受了20多分的降分，如果我们跑出去（去外地上学）就没有资格享受政策，所以我选择在县里上学"（SS01）。其三，理性决策下倾斜性招生计划及当地培优项目的吸引。在考虑去外地就学的学生和家长看来，若是不能够到省、市重点公办中学就读，或是进入民办中学的重点班、享受一定程度的学费减免，那么留在本地高中进入培优项目也能满足他们对优质教育资源的需求。这种类似于"鸡头凤尾"的考量胜过了外地所谓名校的光环，压过了盲目去外地上学的风气，至少唤回了许多家庭对升学的理性选择。由此，倾斜性招生计划对生源回流的影响也分别对应了上文生源流失的三种解释。最终生源开始逐渐回流，从有考上名校的案例出现，到一部分优质生源致力于参与倾斜性招生计划、理性选择就读高中，逐渐扩大到更大规模的学生和家长都能感知到这一变化，带来的是老百姓对本地教育信心的重建，"生源流失—高考升学结果差—老百姓失去信心—生源再流失"的恶性循环被打开。

第三节 倾斜性招生计划促进高中发展

高中发展受到广泛关注的根本原因在于，教育承载着广大老百姓对社会流动的期待。县城位于"城尾乡头"，发挥着连接城市、服务乡村的作用，这些地区的高中也同样连接着城市优质教育资源与农村学生的教育机会。高中的发展关系高质量教育体系建设，关系以县城为重要载体的城镇化建设，在我国教育和经济社会发展中具有战略性地位（吴秋翔，2022）。

实际上，政策对口高中的发展嵌套在两个结构中（如图4-1所示）：第一个是由高中所在县域与周边区域在经济社会发展和社会公共服务等方面形成的教育之外的大结构，对资源配置、人口流动产生显著影响，是教育之外社会经济发展的大结构。总体而言，经济发展水平与教育投入呈正相关关系，受经济发展水平的制约，与大中城市相比，这些地区的中学在区域教育的竞争中无疑处在劣势地位（张志勇，2021）。当区域差异叠加流动便利性因素时，农村人口不断向城镇聚集，县城人口不断向更高阶城市流动，以寻求更好的就业机会和社会公共服务，教育当然也在人们追逐的目标里。因此，县域的人口萎缩，特别是青壮年劳动力的流失也一定程度反映在高中的生源和教师流失上。正如样本县所面临的2019年高铁开通带来的外部冲击那样，很大程度上影响了学生及其家庭的流动意愿，这种外部环境的变化骤然冲击了正在缓慢上升发展的高中，即使有着倾斜性招生计划的积极影响也难以抵消流动便利性对优质生源外流的助推作用，只能等到一定阶段生源流动稳定后再重新缓慢恢复。

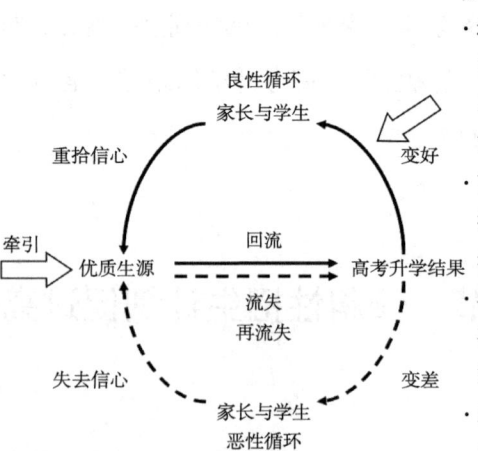

图4-1 倾斜性招生计划影响下高中发展循环

第二个结构是教育的内部结构，受到横、纵两方面力量的牵引。横向力量是以一些民办高中为代表的"超级中学"和更高行政级别城市公办中学的影响，具体表现在生源与师资的竞争上。当一县之内的教育无法满足人民群众对优质基础教育的需求时，县域之间及县市之间甚至跨省的行政辖区之间，便构成了教育系统内的竞争市场（林小英等，2019），校际教育资源禀赋予获取能力、教育信息与一流大学入学机会、办学声誉与社会支持度等方面的差距逐渐加大（习勇生，2014）。在面对民办中学的掐尖与大城市公办中学的辖区招生时，身处在县域的高中也不得不精打细算，寻找针对性的破解策略。公办中学在省、地市政府的约束下，招生影响尚在可控范围之内。然而，那些民办的或公民混合办学的超级中学对本地高中发展的破坏最大，这些学校通过隐秘掐尖、点对点的招生游说、名义上的奖助但本质上的"招生买卖"等行为对优质生源进行"虹吸"，以此在"精英大学"的入学机会上获取巨大优势（郭丛斌等，2021）。进而可以继续通过出色的升学率吸引招收优质生源，而对那些趋之若鹜的普通生源实施高额收费，用以补贴优质生源的开支和培养成本。除少数优质生源外，更多学生及其家庭花着高额的学费，供养着学校的运转和编织出来所谓的"名校升学梦"。

另外，纵向力量来自本地教育生态中义务教育的发展和高中本身办学水平的影响。高中不可能脱离当地义务教育的基本发展而独善其身，本地小学教育支撑不了初中教育，初中教育支撑不了高中教育，高中再拼命补课也于事无补（吴汉锋，2021）。当家长在中小学阶段就把孩子送出去上学，愿意以割舍和子女在孩童时代的亲情互动与成长陪伴为代价时，就已经给本地义务教育投出了不信任票，高中教育再怎么努力也无法挽回他们的信任。同时，高中学校本身的教育管理水平、教师专业提升、教师的工作热情等源自学校内部的问题往往更容易被外部经济发展因素、恶性招生等现象所掩盖。

因此，高中便在这样两个结构中逐渐衰落，并非其没有提升，无奈的是发展的速度远比不上城市中学与超级中学，彼此间的差距也就逐渐拉大。在以县为竞争的招生场域中，在单一的以升学为导向的教育质量评判标准前，生源就成了这个市场中的流动资源，高考升学率就是市场的价格信号，生源争夺便是市场的竞争行为（林小英等，2019）。当考试和高考被祛魅后，这些地区的中学因无法激励师生而形成事实上的质量下滑，当地群众则因事实上的质量下滑和信息不对称，增加了对学校的误解和失望（雷望红，2021）。在面对外地更好的升学信号时，老百姓用脚投票，出于对优质教育资源的理性选择和流动意愿，或是出于盲目跟风以及对本地教育的误解，导致大量优质生源外流，本地高中教育自然处在"生源流失—高考升学结果差—老百姓失去信心—生源再流失"的恶性循环中，并且难以突破。

然而，倾斜性招生计划的实施成为了撬动这个循环的突破口，成为政策对口学校走出恶性循环的契机。倾斜性招生计划有效改善了农村地区和脱贫地区学子接受重点大学的机会，从学生个体到高中和地方均有所受益，特别是农村户籍学生获得了更多进入重点大学的机会。因此，政策对口学校与地方教育行政部门可利用招生计划的成功升学案例、政策的参与要求，以及提供与之相适应的教学安排，集中有限的教育资源，充分发挥本地教育优势与倾斜性招生计划的政策效应，同学校发展的结构性制约因素对抗。这种发展策略便是先让一部分老百姓重拾教育的信心，让一部分优质生源回流，有针对性地突破衰落的恶性循环。并且，利用这样一部分人群的理性回归，影响更多本地学生及其家庭，让老百姓明显感知到地方教育发展的变化，吸引更大规模生源的回流，重拾教育信心，进入向上向好的良性循环，形成新的社会风气。与那些倡导通过禁止或限制跨区招生与人员流动的举措相比，充分发挥倾斜性招生计划的引导作用，让学生和家长重新信任本地教育，主动选择留在本地中学上学，将更加以人为本、更加遵循个体自由选择的意志。当然，我们也需要注意不要给倾斜性招生计划增加过多的政策目标，利用倾斜政策振兴地方高中教育是一时之法，是突破恶性循环的一次契机，对优质生源的吸引作用也应有限。

第四节　本章小结

本章通过对贵州某样本县的实证研究，从县域视角与倾斜性招生计划影响视角出发，分析招生计划对政策对口高中的影响，剖析其如何通过吸引优质生源回流，进而突破高中发展的恶性循环，重新树立地方的教育信心。

首先，政策对口高中的发展嵌套在两个结构。第一个是由高中所在县域与周边区域在经济社会发展和社会公共服务等方面形成的教育之外的大结构，对资源配置、人口流动产生显著影响。第二个是教育内部结构，受到横、纵两方面力量的影响。横向力量是以一些民办高中为代表的"超级中学"和更高行政级别城市公办中学的影响，具体表现在生源与师资的竞争上；纵向力量来自本地教育生态中义务教育的发展和高中本身办学水平的影响。

其次，地方高中发展呈现相对衰落的根本原因在于优质生源的流失，其背后存在三种解释：第一种解释是人们对优质教育资源的理性选择和流动意愿；第二种解释是在盲目跟风中形成的社会风气，造成了更大规模的生源流失；第三种解释是在恶性招生竞争中对本地教育产生的误解。当叠加了交通便利等促进人口流动的因素及地方老百姓对升学指标的崇拜时，恶性循环就产生了——"生源流失—高考升学结果差—老百姓失去信心—生源再流失"，循环的核心变量正是生源与高考升学。

最后，倾斜性招生计划能够有效吸引优质生源的回流，成为撬动政策对口学校高中发展恶性循环的突破口。一是倾斜性招生计划极大程度地改善了对口高中学子接受高质量高等教育的机会，从个体到高中再到地方均有所受益；二是通过倾斜性招生计划上名校的案例具有很强的示范效应，提振政策对口高中的教育信心；三是地方政府以倾斜性招生计划为契机，集中优质教育资源开展分层教学，打造培优项目；四是倾斜性招生计划引发了部分优质生源的回流，也对留在本地上学的学生产生激励,打破了原本高中发展的恶性循环。

本章参考文献

曹妍,张瑞娟,候玉娜,2018.补偿还是选拔?"国家专项计划"补偿机会在地区间分配的精准性分析[J].中国高教研究,(8):23-29.

程建平,2020.建议全面振兴"县中"教育[EB/OL].(5-23)[2021-11-01].http://www.rmzxb.com.cn/c/2020-05-23/2579663.shtml.

程婷,2021.教育部:加强县域高中建设,坚决制止违规跨区域掐尖招生行为[EB/OL].(3-31)[2021-11-01].https://baijiahao.baidu.com/s?id=1695722569063997807&wfr=spider&for=pc.

郭丛斌,夏宇锋,2021.超级中学对农村学生精英大学入学机会的影响[J].高等教育研究,42(7):45-57.

郭丛斌,徐柱柱,张首登,2021.超级中学:提高抑或降低各省普通高中的教育质量[J].教育研究,(4):37-51.

蒋刘恩,2019.加大统筹力度 市县区别对待[N].光明日报,08-20(14).

教育部办公厅,2019.教育部办公厅关于做好2019年重点高校招收 农村和贫困地区学生工作的通知[EB/OL].(3-29)[2021-11-08].http://www.moe.gov.cn/srcsite/A15/moe_776/s3258/201904/t20190408_377031.html.

雷望红,2021.我国县中发展的运行逻辑与振兴道路[J].湖南师范大学教育科学学报,20(6):14-21.

李立国,吴秋翔,2020.从权利平等、机会平等到发展平等——基于我国倾斜性招生政策的分析[J].教育研究,(3):95-105.

林小英,杨蕊辰,范杰,2019.被抽空的县级中学——县域教育生态的困境与突破[J].文化纵横,(6):100-108,143.

吕巍,2021.开启县中教育振兴的"五年计划"——民进中央建议解困县域高中发展[EB/OL].(3-10)[2021-11-01].http://www.rmzxb.com.cn/

c/2021-03-10/2806627.shtml.

吕玉刚,2021.全面加强县域普通高中建设[J].教育家,(38):1.

马莉萍,王严淞,卜尚聪,2021."双一流"建设高校"国家专项计划"名额的分配与获得——基于省、县、校、生四级视角的实证研究[J].高等教育研究,(8):45-52.

吴汉锋,2021."县中塌陷"是县域整体教育的警示信号[N].光明日报,03-29(02).

吴秋翔,2022.县域普通高中,振兴之路如何走?[N].光明日报,03-29(15).

吴秋翔,2022."县中塌陷"到县中振兴:高考专项计划如何变县中困局[J].中国教育专刊,(2):8-14.

习勇生,2014."超级中学":普通高中校际差距的催化剂[J].中国教育学刊,(6):15-18.

张志勇,2021.确立县中在我国教育改革发展中的战略地位[N].中国教育报,03-11(07).

第五章　倾斜性招生计划与学生大学表现*

倾斜性招生计划在帮助弱势阶层学生获得高质量的教育机会方面发挥了显著作用，有效地促进了教育公平。但我们也必须承认，三大专项计划录取的学生（以下简称专项生）大多享受分数优惠，其原本高考成绩并不一定达到重点大学在生源地相应批次的录取分数线。然而，除了考试成绩外，那些我们无法直观地利用分数、排名等指标反映的内在情况也可帮助我们剖析这些学生在大学期间学习、成长与适应的过程，并且一定程度上解释他们的行为表现。

本章引入心理学"负担综合征"的理论视角对专项计划学生的心理状态进行刻画，通过质性访谈走进专项计划学生的内心世界，试图解释家庭背景、早期教育、受专项计划倾斜等经历如何作用于学生的非认知表现，找到他们身上更为独特、显性的心理特征及内化这些经历的方式，以期能更好地帮助学生突破潜在的心理困境。访谈在3所执行（国家、高校）专项计划的重点大学展开，包括1所综合类院校（原"985""211"工程）、1所理工类院校（原"985""211"工程）以及1所师范类院校（原"211"工程），通过焦点团体访谈的方式访谈38名专项生，其中24人通过国家专项计划录取，14人通过高校专项计划录取，访谈内容涉及受访者的报考经历、入学适应以及在学期间的体验。

---

* 本章部分内容发表于《复旦教育论坛》2021年第5期，此处有删改。

第一节 研究背景

2019年北京大学在河南省"国家专项计划"招生中,以高考成绩过低、学生可能无法完成学业为由退档两名考生,虽然北大最后对两名学生予以"补录",但他们与统招生之间超过100分的录取分差仍是事实。公众舆论从来不乏对专项生的质疑,认为他们的学业表现难以符合高水平大学的严格要求(徐国兴,2019),重点大学招收应根据高考分数平等对待(余秀兰等,2016)。同时,政策受惠学生也可能因降分录取的刻板印象而自我怀疑(Laar et al.,2008),认为自己与他人存在"天生的差距",产生心理的挫败与失落(熊静等,2020)。"他们(我)真的配在这里学习吗""没有专项计划,他们(我)还能进这所大学吗"等问题出现在社会公众与专项生自己的脑海中。

目前,对于高校倾斜性招生计划录取学生的质疑普遍源自错配的理论观点,即受惠学生与录取院校是否匹配(牛新春等,2020;王严淞等,2021),特别是在中国"分数面前人人平等"的高考录取中,一分之差严格区分学生的录取与否。这种错配思想也导致许多微观研究对专项生大学期间学业排名、GPA(平均学分绩点)、毕业率等认知能力方面的关注,即探讨专项生是否达到了录取院校的学习要求,他们与统招学生或同样来自农村、贫困地区的非专项生之间是否存在学业差距。例如,大量研究都发现专项生大学期间的学业表现存在一定劣势,他们的平均学分绩点普遍低于统招生(王小虎等,2017),挂科率更高(王严淞等,2021),这一现象在大学初期更为明显(牛新春,2017)。但也有研究认为从学业追赶的角度来说,专项生与统招生的学业差距从入学到毕业会逐步缩小(徐国兴,2019)。有学者将这种学业差距归因为以高考成绩和受惠分为代表的既有学业能力的不足(王小虎等,2017),或是由于学习生活环境转换大、学业适应程度低等适应性因素所导致(余秀兰等，2016；熊静等，2018），前者依然是一种对学生认知能力的再讨论，而后者显然开始关注学生的非认知领域。

目前，越来越多的研究重视专项生的非认知表现，尝试走进学生的内心世界，并将非认知表现作为与学业成绩等认知指标高度相关的因素。非认知表现广义地包含人格、思维、感觉和行为模式、态度和信仰、社会和情感品质等（Borghans et al.，2008；Lipnevich et al.，2013）。从常见心理指标来看，有研究发现专项生自尊水平低于参照组群体（崔盛等，2019），他们常感到自卑、压力大，认为自己不如人（郭小荷等，2013）。同时，熊静和杨颉（2020）从文化整合视角发现专项生若能从家庭场域中获取积极的情感支持力量，重塑自我身份认同，就能实现学业融入与进步。而牛新春等人（2020）使用坚毅品质解读专项生的学业进步，他们从入学到毕业时精神风貌有较大改变，其内部异质性取决于大学期间的学业进步。

1978 年，有学者（Clance，Imes，1978）发现，那些获得成功（如取得学位或学术荣誉、在标准化考试中取得较高成绩等）的女性无法内化个人的成功感，始终怀疑自己获得的成绩，认为自己不配拥有这些成就，是欺骗了别人，并担心最终会因暴露自己的能力不足而被他人当作"欺诈"。例如，女学生们经常幻想自己被大学录取是因为招生委员会的一个失误。他们将这种特征表现命名为"负担综合征"（Impostor Phenomenon 或 Impostor Syndrome）❶。经历"负担综合征"的人往往已经取得一定成就，但将其视为运气、他人帮助等外部因素的结果，而非自己才智与能力使然，或将失败归因于自身的缺点，并持续放大不足（Thompson et al.，1998）。经历者觉得自己像个骗子，自身的才能配不上所获得的成就，因此在成就、外部评价与自我评价的冲突中产生信心危机和理性失败（Slank，2019）。目前，研究人员认为其是一种负面的心理特征，是

---

❶ 在中文的语境下，该术语被翻译为"负担综合征""负担症候群"（综合征、症候群是医学上的专业术语，代表了一系列相关症状或特征表现的合集，有时也被直译为"冒充者综合征""冒名顶替现象"等。笔者认为，使用"冒名顶替"存在明显歧义，并不符合原概念中性的表述，故建议使用"负担综合征"的表达形式。

对特定刺激和事件的反应，广泛发生在大学生、专业人士和不同文化背景的各类人群中（Sakulku et al., 2011），但有着特殊经历的特定人群发生概率更高，如女性、第一代大学生、心理状况不佳者、少数族裔、低阶层人群以及学业准备不足的学生等（Attewell et al., 2011; Peteet et al., 2015）。

这种心理状态的负面作用不容小觑，受其影响的人生活质量普遍下降，抑郁和焦虑症状水平明显增加（Thompson et al., 1998），且与自尊之间存在负相关关系（Schubert et al., 2019），会显著降低个体的心理健康状况（September et al., 2001）。经历者会表现出明显的自卑与不自信，很难接受外界对自己成就的赞扬，不断将那些负面反馈导向自己确实存在缺陷、错误或失败，容易产生自我贬低、自我否定的倾向，并由于先前的成功而对未来可能的失败产生非理性恐惧（Bernard et al., 2002）。他们会不自觉地陷入循环中，当他们选择面对任务时，会产生过度努力行为并把成功视为努力工作的结果；当选择逃避任务时，会产生拖延行为并把可能成功的结果视为"运气"使然。在获得了短暂的心安与好感之后，他们会继续自我怀疑、放大不足并否定成功，周而复始（Clance et al., 1978）。这样一种负面的心理状态使得经历者陷入了实际控制其生活、情绪、思想和行为的情景中，以学生群体为例，他们会认为自己是平庸、不合格、无能甚至是愚蠢的，这种错觉超越了他们的学术工作、专业职务、领导角色与个人生活（Katz, 1986）；他们常常与其他同学进行比较，认为自己在学术上准备不足，或质疑自己取得成功的原因，从而否定自身的能力（Sakulku et al., 2011），如少数族裔学生会怀疑自己是否因"肯定性行动"而被录取，这些无法内化的情绪使得学生产生了严重的自我怀疑，从而给学业表现带来负面影响（Hoang, 2013）；这些学生还容易产生极强的回避性行为，如无法寻找到合适的导师，避免与教职员工和其他同学互动，选择那些资源较少或者标准模糊的课程或学科，最后将自己彻底边缘化（Cohen et al., 2019）。

第二节　专项计划学生的心理行为表现

一、专项计划学生把成功录取归因为政策红利、他人帮助甚至是运气

专项生在叙述自己的报考经历时存在明显的共性，几乎所有人都将自己成功录取的原因归结为专项计划的政策优惠与学校、老师的指导帮助。首先，他们承认自己获得了分数优惠，并且意识到与统招生之间存在实质性的分数差距，81.6%的访谈对象获得了专项计划的分数优惠，如"国家专项计划降低了20分到40分，但高校专项计划给我降了100多分，这让我非常意外（AS03b[1]）"。其次，他们把得以进入重点大学的原因归结为政策红利，即使那些考试成绩已经达到高校统招录取分数线的学生也认为政策让自己选到更好的专业，像"如果没有这个计划我是进不来的，而且进的是计算机专业，是比较强的学科（BS24b）"。最后，学生们大多使用一种庆幸的口吻，"试一试（AS13a）""碰运气（AS07a）""意外（AS03b）""幸运（CS38a）"等表述频现。部分学生认为自己当时并没有刻意关注专项计划，只是听从老师安排或是随大流，因为运气好才能够"侥幸"进入重点大学，"在填写志愿的时候，老师突然通知我们有这个提前批项目，有50%的同学填报了专项计划，大家都抱着试一试的想法"（AS13a）。这种依赖运气的心态会不自觉地给他们留下"名不副实"的自我认知，"我并不属于这里""如果没有政策扶持、没有别人的帮助、没有运气，我进不了现在的大学"。这种将所获成功归因于政策红利、他人帮助，甚至是运气的行为，符合了"负担综合征"的基本特征。

---

[1] 访谈编号规则：第一位大写字母分别代表A、B、C三所高校，第二至四位代表学生，第五位小写字母代表招生计划类型，a代表国家专项计划，b代表高校专项计划。

二、专项计划学生了解自己缺乏学业与能力准备，希望通过额外努力弥补，陷入"负担综合征循环"

通过访谈发现，专项生是清楚自己在学业准备和综合能力方面存在的劣势，他们会把这些差距与原生家庭背景和早期教育经历联系起来，"我们（专项生）的家庭背景大多是工薪阶层或者农民家庭，与周围一些同学的差别体现在思维方式上"（AS11a）。同时，他们不自觉地把自己和其他同学区分开来，如"我是贫困专项进来的"（BS19a）、"他们城市里的学生"（CS28a）等，这种无意间流露出来的群体隔离意识，恰恰表现出他们在意自己的特殊，在意通过专项计划录取的经历。

与"负担综合征循环"相吻合的是，专项生希望通过努力这一途径来弥补自己的不足，并且只聚焦学业上的投入，"别人去参加学生活动、社团，我就去看书做题，感觉比别人花了好几倍的时间，努力就能看到结果"（CS30a）等。部分研究认为，弱势群体学生更注重学业投入而非社会性投入是"出于相对优势的考虑和某种优等生的惯性"（谢爱磊，2016；牛新春等，2020），我们同样发现专项生在学业上投入更多的时间和精力，但与之不同的是，"负担综合征"给出了另一种可能的解释，即个体对取得成功的不当归因导致其产生过度努力的掩饰行为。专项生对学业投入更多，源于自身因受政策倾斜而产生了"名不副实"的潜在怀疑，对自己能力的不信任和避免他人发现自身能力的不足促使他们不断努力，并且强调成功是努力的结果。即使最终获得了一定成就，这个过程让他们不断处在一种负面的认知中，伴随着每个（行为）周期的循环继续自我怀疑、不安和焦虑，强化了"负担综合征"的固有认识。

三、专项计划学生在与同伴比较的压力中焦灼，通过回避比较来掩饰差距

把自己与同伴比较是典型行为，他们通常会高估别人的才智与能力，同时尽管陷入对自我能力的怀疑中，但他们仍然强烈希望自己看起来是聪明的或与他人没有区别（余秀兰等，2016）。在与同伴的比较中，专项生形成两种比较的逻辑。其一是承认自己技不如人，感知到来自同伴的压力，如"专项计划进来的学生有两种：第一种是成绩好的学生，但进来之后对比周围同学，除了学习好，其他方面一无是处；第二种是成绩特别不好，这样和别人相比，就更一无是处"（AS11a）。其二则是通过回避比较，努力显示自己与他人没有区别，"只是通过这个政策进入到学校，其他的都和别的同学没有差别"（CS38a），"我也不和别人比，所以觉得自己和大家都一样"（BS17a）。但这种表述与前文他们所表现的群体隔离意识相矛盾，因而笔者推断这也很可能是一种掩饰行为。与文化社会学的解释相一致的是，面对现实的差距，即使曾是"学霸"的专项生也会对自己的能力产生怀疑，试图通过转学或转专业来逃避（熊静和杨颉，2020）。这样一系列回避行为归根结底还是由于接受了专项计划政策的倾斜，学生的确在意与同伴间的差距，产生了由"分不如人"到"事事不如人"的想法，并不断在成长过程中试探这种差距的变化，因为一旦差距缩小甚至消除，就能证明自己配得上所获成就，是名实相符的。因此，这样一种从同伴身上获得的压力与其自我回避的认知给专项生带来极大的心理负担，继努力过后获得认可和暂时的良好感觉，他们会再次回到"负担综合征循环"中，重复自己对成功和能力的怀疑，进而对现实表现和未来发展产生"迷茫"（AS15a）。

四、专项生拒绝被当成特殊群体对待，害怕被发现专项生身份而回避受助

如今，专项生已然成为一种身份标签，其因获得了分数优惠，有无专项计划本质上决定着他们能否进入重点大学，具有更强的特殊性和指向性，这更容易让学生对自身的能力产生怀疑。在学生的心中，专项生的称呼犹如一道"疤痕"，害怕被人发现，想要极力回避与抹去。"英雄不问出处，我并没有把它（专项生）想成一个特殊的群体需要特殊的关怀"（CS30a），"学校没有必要给予特殊的关照，让人平等地发展就很好"（AS11a）。从他们的表述中，我们能够读到一种强烈回避专项生身份的情绪，学生希望通过外界的平等对待甚至是忽略来淡化他人以及自己对于专项生身份的标识。即使他们承认在很多方面具有劣势，但坚称不需要额外帮助，甚至放弃了那些原本就是提供给他们的帮扶机会，"大家不会太积极要求学校的助学金等，也不想让别人知道自己的情况……但其实发现它（助学金）就是为我们设置的"（AS07a），"还是想把这个（给专项生的）补贴留给更需要的人"（BS24b）。同样的证据来自A、B两所高校学生资助部门的访谈，学校有针对专项计划新生的奖助学金，但相较于家庭经济困难的非专项学生，专项生申请的比例并不高，纵使学生存在实质性的困难，但总认为有人比他们更需要帮助。在已有"负担综合征"的相关研究中描述经历者存在大量的回避行为，这些行为不仅仅体现在和同伴间的比较中，还体现在个人完成学业挑战及良性的师生互动上（Cohen et al., 2019）。在此基础上，本书研究发现了更为严重的、出自学生主观意愿的回避行为，他们拒绝受助，回避那些积极的、能够帮助他们走出一时困境的援手，因为接受帮助就标志着自己的身份特殊，暴露出他们是专项生而被区别对待，意味着外界会发现他们的"名不副实"，虽然这种想法只是他们的自我意识。

第三节 专项计划学生表现的独特性

专项计划学生有什么差异化的特征需要我们重点关注，他们与那些更大规模的贫困地区学生、农村学生或受政策优惠倾斜的学生有何区别，似乎诸如努力学习、回避挑战等问题也常见于其他群体。对此，研究认为专项计划学生应是一个独立、特殊的群体，他们的独特性：一是来自农村和贫困地区，在既往成长过程与资源获取上存在劣势，满足同样出自寒门学生的普遍特征；二是他们在基础教育阶段各自的学习场域中是优等生，即使他们获得了一定的分数优惠，但其在原高中学业表现出色，名列前茅（崔盛等，2019）；三是获得了实质性的考分优惠，在中国这样一个分分计较的录取机制下，分数是筛选和比较的最直观工具，"分不如人"的事实意味着可能无法获得录取机会。这三点要素缺一不可，形成了一种特殊的交叉性影响（Intersectionality），给专项生带来三组意识上的冲突：第一组冲突是生活学习环境的改变而产生的冲突，即小村庄、小县城的成长环境到大城市大学生活情境的转换；第二组是与同伴对比带来的冲突，即在县域中学平民子弟中的出类拔萃与重点大学佼佼者中的普通平庸间的落差；第三组是外部评价与自我认知间的冲突，即作为进入重点大学的专项生在原中学、家乡人和亲人眼中获得成功的"骄傲与尊重"（郭小荷等，2013），同他们清楚意识到自己存在实质性分差与能力差距之间的矛盾。这三组冲突叠加在一起，使专项生自我定位的参照系发生了根本改变，动摇了他们原有的心理建设与认知基础，他们找不到与同伴比较的相对优势，发现不了自己的闪光点，进而只能认为自己是平庸、无能与"名不副实"的。

与同样是农村或家庭经济困难但却通过统招进入的学生或是获得分数优惠的自招生和特长生所不同，虽然那些家庭背景劣势的学生同样遭受着环境变化带来的不适应，但身处劣势的他们能够凭借实打实的高考成绩获得与相对优势阶层学生等同的入学机会，本就更加不易，这便给他们带来一定的成就感与激励作用，也容易形成一种不甘示弱的精神品质。而就那些获得分数优惠的自招生与特长生而言，即使高考成绩上存在一定分差（特别是文体特长生），但其在学科竞赛、综合能力、部分技艺等方面的特长带来的优势感很大程度上能够弥补考试成绩差距带来的心理落差，甚至原本自主招生政策就旨在筛选常规高考无法识别的特殊人才。因此，对标这些群体，专项生无疑承受着更多重的心理自卑与精神负担，并与其原生家庭背景、早期教育、高考时的分数差距等因素相互作用，这种叠加的心理负担使他们落入更为不利的发展境况。

　　基于上述专项生问题的特殊性，采用"负担综合征"的理论视角来解释便具有更好的适用性。从这一特殊心理状态的形成因素来看，社会地位、养育变量、歧视经历、环境变化和学习者特征都会显著影响这种负面心态的产生（Bernard et al., 2018），特别是当学生从一个较低阶层（如工人阶层）转移到一个较高阶层（如高等教育机构）时，他们更容易受到这种心理暗示（Dews et al., 2010）。同时，外界的歧视与刻板印象也会形成巨大的压力（Cokley et al., 2013），这些因素都指向了专项生的特征与经历。当然，与西方研究中少数族裔学生怀疑是否由"肯定性行动"等外因而被录取产生的怀疑心态所不同，这种录取原因是无法被验证的（如族裔、家庭背景等只是美国大学综合评价录取考量的一部分）。而在我国的情境中，专项生清楚自己是否通过倾斜性招生政策而被录取，了解自己在考分上的差距，这种认识便会由怀疑转向确定，从考分延伸至学生的各种能力表现，强化了他们对整体自我能力的否定，不自觉地认为自己"不配"在重点大学学习，也使得"负担综合征"成为专项生具有的更加显性、特殊的非认知表现。这一理论视角能够将专项生的家庭背景、早期教育、专项计划经历与大学期间的行为表现联系起来，得到一些与以往研究不同的解释。例如，相较于农村非专项生出于"寻找相对优势""保持学习惯性"而过分聚焦学业投入的情况，本书认为专项生存在类似行为可以有另一种潜在解释，即专项生出于对自我意识中"名不副实"的掩盖而产生努力行为，并试图缩小与同伴间的差距，或者直接逃避比较来应对发展中的变化，逃离自我定位的坐标系。

实际上，专项生最想逃离的便是自己的身份牢笼，但这个牢笼的锁恰恰是他们的内心，这也就意味着如何支持专项生的成长发展必须持有不同于以往的思路。目前，鉴于专项生入学后可能转化为贫困生与学困生，高校往往有针对后两类群体的支持，如经济资助和学业辅导，高校的人才培养并不与学生的招生方式直接挂钩，也是防止专项生固化身份认知。但是，针对专项生所具有的特殊表现，高校应当给他们提供更具针对性且经过巧妙设计的帮扶，这些支持不应仅是经济上与学业上的，更应关注他们的非认知表现，在淡化专项生身份的同时，直面问题的本源，帮助他们走出心理困境。

第四节　本章小结

一直以来专项生受到社会的广泛关注，其中不乏质疑他们高考成绩较低、大学学业表现不佳等声音，然而通过政策倾斜得以进入重点大学的专项生也受劣势家庭背景、早期教育，以及受专项计划倾斜等因素产生自我怀疑、不自信、压力大等非认知问题。本章通过访谈3所重点大学的专项生，以"负担综合征"为理论基础对其非认知表现进行解读。研究发现以下几个方面的问题。

第一，专项生把成功录取归因为政策红利、他人帮助甚至是运气。他们认为没有这些外部因素，自己没有能力进入所在大学，产生了一种"名不副实"的自我认知。

第二，专项生在清楚认识到自身学业准备不足与能力缺失的情况下，产生过度努力行为，并将所获成功归因于努力而非个人才智和能力，陷入"负担综合征循环"，不断固化这种负面的情绪。与已有研究结论所不同的是，研究认为经历"负担综合征"的专项生学业投入的理由也可能源自对自己"名不副实"的怀疑，是在自我能力的信任危机下产生的掩饰行为。

第三，陷入循环的专项生经常把自己和同伴进行比较，要么承认技不如人而否定自己，要么产生强烈的回避行为，掩饰自己技不如人，在同伴压力与自我回避中逐渐迷茫。这种回避行为仍来自专项生在意的成绩差距，并在成长发展过程中试探差距的变化。

第四，专项生强烈介意外界对其区别相待，不想被标签化，害怕被他人发现自以为的"名不副实"，想要获得平等对待，甚至为了回避（或怕被发现）专项生身份而主动拒绝帮助。

本章参考文献

崔盛，吴秋翔，王明鑫，2019.农村和贫困地区专项招生计划学生发展研究——基于全国8所重点高校的调查[J].中国高教研究,（2）：34-40，66.

郭小荷，王敏明，2013.寒门学子的清华一年[N].中国青年报，09-25（008）.

牛新春，郑雅君，肖瑜，2020.学业进步对农村学生精神风貌的建设意义——合理评估招生倾斜政策的新思路[J].教育发展研究，40（Z1）：39-49.

牛新春，2017.招生倾斜政策下重点大学农村学生的学业准备和初期学业表现——基于X大学的实证案例研究[J].复旦教育论坛，15（4）：52-61.

王小虎，潘昆峰，吴秋翔，2017.高水平大学农村和贫困地区专项计划学生的学业表现研究——以A大学为例[J].国家教育行政学院学报,（5）：66-75.

王严淞，马莉萍，2021."双一流"大学招生倾斜政策下弱势学生发展的追踪研究[J].复旦教育论坛，19（1）：89-96.

吴秋翔，李立国，2021.重点大学专项计划学生的非认知表现——基于"负担综合症"的质性研究[J].复旦教育论坛,(5):73-80.

谢爱磊，2016.精英高校中的农村籍学生——社会流动与生存心态的转变

[J].教育研究,37(11):74-81.

熊静,杨颉,2020."重塑自我"的学习实践:专项计划生精英大学学业融入的个案研究[J].重庆高教研究,8(3):38-55.

熊静,杨颉,2018.招生政策倾斜背景下农村、贫困专项计划大学生学业适应研究——基于某"双一流"建设高校的实证调查[J].中国高教研究,(7):30-38.

徐国兴,2019.跟跑也不易:"双一流"高校专项生学业表现与发展研究[J].教育发展研究,39(19):8-17.

余秀兰,白雪,2016.向农村倾斜的高校专项招生政策:争论、反思与改革[J].高等教育研究,37(1):22-29.

ATTEWELL P, DOMINA T, 2011. Educational imposters and fake degrees [J]. Research in Social Stratification and Mobility, 29(1):57-69.

BERNARD D, NEBLETT E, 2018. A culturally informed model of the development of the impostor phenomenon among African American youth [J]. Adolescent Research Review, 3(3):279-300.

BERNARD N S, DOLLINGER S J, RAMANIAH N V, 2002. Applying the big five personality factors to the impostor phenomenon [J]. Journal of Personality Assessment, 78(2):321-333.

BORGHANS L, DUCKWORTH A L, HECKMAN J J, TER WEEL, B, 2008. The economics and psychology of personality traits [J]. Journal of Human Resources, 43(4):972-1059.

CLANCE P R, IMES S A, 1978. The imposter phenomenon in high achieving women: Dynamics and therapeutic intervention [J]. Psychotherapy: Theory, Research & Practice, 15(3):241-247.

COHEN E D, MCCONNELL W R, 2019. Fear of fraudulence: Graduate school program environments and the impostor phenomenon [J]. The Sociological Quarterly, 60(3):457-478.

COKLEY K, MCCLAIN S, ENCISO A, MARTINEZ M, 2013. An examination of the impact of minority status stress and impostor feelings on the mental health of diverse ethnic minority college students[J]. Journal of Multicultural Counseling and Development, 41(2): 82-95.

DEWS C L, LAW C L, 2010. This fine place so far from home: Voices of academics from the working class[M]. Philadelphia, PA: Temple University Press.

HOANG Q, 2013. The impostor phenomenon: Overcoming internalized barriers and recognizing achievements[J]. The Vermont Connection, 34(1): 42-51.

KATZ C, 1986. If I'm so successful, why do I feel like a fake?: The impostor phenomenon[M]. New York, NY: St. Martin's Press.

LAAR C, LEVIN S, SINCLAIR S, 2008. Social identity and personal identity stereotype threat: The case of affirmative action[J]. Basic and Applied Social Psychology, 30(4): 295-310.

LIPNEVICH A A, MACCANN C, ROBERTS R D, 2013. Assessing non-cognitive constructs in education: A review of traditional and innovative approaches[M]// The Oxford Handbook of Child Psychological Assessment. New York, NY: Oxford University Press.

PETEET B J, MONTGOMERY L T, WEEKES J C, 2015. Predictors of imposter phenomenon among talented ethnic minority undergraduate students[J]. The Journal of Negro Education, 84(2): 175-186.

SAKULKU J, ALEXANDER J, 2011. The impostor phenomenon[J]. The Journal of Behavioral Science, 6(1): 75-97.

SCHUBERT N, BOWKER A, 2019. Examining the impostor phenomenon in relation to self-esteem level and self-esteem instability[J]. Current Psychology, 38(3): 749-755.

SEPTEMBER A N, MCCARREY M, BARANOWSKY A, PARENT C, SCHINDLER D, 2001. The relation between well-being, impostor feelings, and gender role orientation among Canadian university students[J]. The Journal of Social Psychology, 141(2): 218-232.

SLANK S, 2019. Rethinking the imposter phenomenon[J]. Ethical Theory and Moral Practice, 22(1): 205-218.

THOMPSON T, DAVIS H, DAVIDSON J, 1998. Attributional and affective responses of impostors to academic success and failure outcomes[J]. Personality and Individual Differences, 25(2): 381-396.

第六章　倾斜性招生计划与学生毕业选择*

专项计划给予来自农村和贫困地区的弱势群体以"补偿性"的起点公平。如果专项计划学生在走出校门之际依然无法摘下"弱势群体"的身份标签，无法通过高水平大学的跳板实现社会阶层的流动，不仅不能达到促进教育公平和社会公平的政策目的，而且容易引发被压缩精英教育机会的非弱势群体的质疑。因此，作为衡量专项计划政策公平成效和高校人才培养水平的重要依据，关于专项计划学生毕业去向的研究显得尤为重要。自专项计划实施以来，来自农村和贫困地区的学生入读重点大学的机会增加。然而，他们进入大学后的发展状况如何？在走出大学校门时的升学或就业情况如何？这不仅是学术界应给予关注的问题，也是事关社会公平的重要议题。本章基于专项计划学生毕业选择现状，从生涯规划的视角探讨专项计划学生毕业期望与现实选择，通过质性访谈深度挖掘专项计划学生难以"跃龙门"的内外因素，评价专项计划政策的实施效果，并期望帮助专项计划学生提高生涯规划意识和能力，使其真正获得人生出彩的机会。

本章中的调研始于2017年秋季学期，在8所执行专项计划的重点高校开展问卷调查和焦点团体访谈，调查对象均为国家专项计划或高校专项计划录取的学生，大一至大四的学生均有覆盖。调查内容涵盖大学招考及入学、大学学习与生活、学生个人成长与发展三个阶段。2021年秋季学期，本章对焦点团体访谈对象进行追访调查，首先以邮件的形式向目标对象发放预调查问卷链

---

* 本章部分内容发表于《中国高教研究》2023年第3期，此处有删改。

接，通过目的性抽样和方便抽样，获取 14 位专项计划毕业生进行了半结构化的深度访谈。半结构化访谈提纲由入学适应、学业表现、校园参与、生涯规划、毕业去向、自我评价和意见建议七部分构成。受访者的本科毕业院校包括 2 所原"985"工程和原"211"工程的综合类院校、1 所原"211"工程的理工类院校，以及 1 所原"211"工程的师范类院校。14 位受访者中，5 人已经就业，9 人正在攻读研究生。每次访谈 1～1.5 小时，共获得访谈文本资料约 18 万字，研究对象的基本信息见表 6–1。资料编码表示受访人编号–访谈次数序号，如 A1–2 表示，原"985""211"综合类 A 院校的第一位受访人在第二次访谈即追访中的访谈资料。

表 6–1 研究对象基本信息

受访人编号	性别	专项计划类型	学校	入学年级	毕业去向
A1	男	国家专项计划	原"985""211"综合类 A 院校	2014	工作
A2	女	高校专项计划	原"985""211"综合类 A 院校	2015	求学
A3	男	国家专项计划	原"985""211"综合类 A 院校	2016	求学
A4	男	高校专项计划	原"985""211"综合类 A 院校	2016	求学
B1	男	高校专项计划	原"985""211"综合类 B 院校	2015	工作
B2	男	高校专项计划	原"985""211"综合类 B 院校	2017	求学
B3	男	高校专项计划	原"985""211"综合类 B 院校	2017	工作
C1	男	高校专项计划	原"211"理工类 C 院校	2016	求学
C2	女	国家专项计划	原"211"理工类 C 院校	2017	求学
C3	女	国家专项计划	原"211"理工类 C 院校	2017	求学
D1	男	高校专项计划	原"211"师范类 D 院校	2015	工作
D2	女	高校专项计划	原"211"师范类 D 院校	2015	工作
D3	男	国家专项计划	原"211"师范类 D 院校	2016	求学
D4	男	国家专项计划	原"211"师范类 D 院校	2016	求学

第一节 研究背景

自 2012 年以来，我国政府先后实施包括国家专项计划、高校专项计划和地方专项计划在内的面向农村和贫困地区专项招生计划（以下简称"专项计划"），通过名额单列和降分优惠等方式，提高农村和贫困地区学生就读重点大学的比例。其中，国家专项计划定向招收贫困地区学生，招生学校为中央部属高校和各省（区、市）所属重点高校，实施区域为集中连片特殊困难县、国家级扶贫开发重点县以及新疆南疆四地州；高校专项计划主要招收边远、贫困、民族等地区县（含县级市）以下高中勤奋好学、成绩优良的农村学生，招生学校为教育部直属高校和其他自主招生试点高校；地方专项计划定向招收各省（区、市）实施区域的农村学生，招生学校为各省（区、市）所属重点高校。专项计划自实施以来招生规模不断扩大，极大增加了来自弱势家庭背景学生享受优质高等教育资源的机会，有助于破解"寒门难出贵子"的社会问题，并初步形成了农村和贫困地区学生上重点高校的保障机制。

高等教育肩负着阻断贫困代际传递、促进社会流动、维持社会公平，从而达到维护社会秩序稳定的重要功能。2022 年 3 月 5 日，《政府工作报告》中指出，高校招生继续加大对中西部和农村地区倾斜力度。努力让广大学生健康快乐成长，让每个孩子都有人生出彩的机会。因此，高等教育政策应在关注权利平等、机会平等的基础上向发展平等不断迈进，充分考虑专项计划学生的成长轨迹，将教育公平的视野从起点公平拓宽到过程公平和结果公平，并以结果平等来衡量政策工具的精准化、人性化和有效性。

由于缺乏实证研究对象，学界尚未对专项计划学生的毕业发展问题给予充分研究，只能从其在校表现的角度予以考察。大多研究发现以较低分数进入优质高等教育的学生更容易感受到学术挑战（张玉婷，2016），专项计划学生的学业表现显著低于非专项计划学生（徐国兴，2019；王严淞等，2021；余秀兰等，2016）。在对专项计划学生的"学困"问题进行归因时，学者们普遍认为高考成绩与大学的学业表现在一定程度上相关，更有研究直接指出大学学分成绩的差距主要来源于高考成绩所代表的学习能力差距（王小虎等，2017）。也有学者从文化再生产理论等视角出发，认为专项计划学生相对较差的学业表现来源于学业准备不足（王严淞等，2021；牛新春，2017），同时存在学习兴趣欠缺，以及适应能力不佳（熊静等，2018）等问题。已有研究通常利用学业表现衡量学生成长发展水平，对专项计划学生的学习方式和社会性发展等教育性因素的探索有所忽视（文雯等，2018）。

第二节　专项计划学生毕业期望的落空

一、期望与现实存在较大落差

2020年，豆瓣网上成立了一个名为"985废物引进计划"的小组，大多来自小城镇的成员们均毕业于原"985"工程高校，在心态、学业、求职中屡屡受挫，现有职业薪酬和职业发展机会难以达到他们的期望（魏杰等，2021）。本书的受访者在毕业过程中面临的如此"困境"更甚，常常迫于现实而做出退而求其次的无奈选择。"本科入学时我更希望能够读研深造，但由于大四学年考研失败所以毕业后选择了工作……和自己的目标还是有差距"（B1-2）。多位受访者不满意于自己的就业或升学去向，认为自己尚未达到学院（系）的平均毕业水平。"我的（毕业）水平在钱班（试验班）确实差些"（A4-2）。"我觉得总体来说在备考的阶段是相对比较顺利的，但是不顺利的是在于考研后期院校城市选择，包括专业选择层面，这个没那么顺利。如果单从一个考研结果来看，我觉得并没有达到（平均水平）"（D3-2）。

由此可见，即使获得研究生入学资格的专项计划学生对自己的准备过程和最终录取结果依然不甚满意，在面对重要抉择时难以做出正确和适当的取舍。当一位考研失败选择就业的受访者被问及是否考虑再次考研时，表示考虑家庭经济条件，不会选择二次考研。而当他真正意识到考研失败的时候，已经错过了宝贵的校招黄金期，离毕业仅剩几个月的空窗期。"后面四五月份的时候找工作，也不知道找个啥，有工作就先拿着"（D1-2），自己就职的第一份工作"不好意思跟别人说"（D1-2）。因为"随大流"考研而错过求职机遇的专项计划学生，在主动择业和被动就业两者之间，往往只能深陷于后者的泥潭。有受访者在回忆班级中的其他专项计划学生时提道："他们要么就是考研气氛组，大家一起考，反正他也考，最后没考上，然后就随便找个工作"（A3-2）。虽然新冠肺炎疫情几乎给所有的高等学校毕业生均造成了较大冲击，但在面对疫情压力时专项计划学生表现出明显的弱势，"其他同学出国虽受疫情影响，但保研的概率还是比较高，或者到一些头部企业，拿到特别好的 offer 的概率比较大，专项计划学生考研和被动就业的比例更大"（A1-2）。从上述对比中可以看出，专项计划学生所面临的毕业去向难题比非专项计划学生更为突出。

已有研究将专项计划学生的发展困境归因于降分录取所代表的能力不足，然而受访者却表示"高考分数的影响可能不是那么大"（C1-2），认为自己与非专项计划学生之间不存在学习能力上的明显差距，"虽然有些同学高考成绩比我高，但是经过一年的学习，我的成绩可能比他还要高一点"（D3-1），"有可能他高考比我高个三四十分，但是进入本科以后，大家其实差距并不是很明显"（A3-2）。一位英语专业的受访者表示："河南英语高考不包含听力，但进入大学之后都是全英语教学，刚开始可能跟不上进度，处境比较艰难，但经过一段时间的努力，赶了上来，在班级里面不算倒数"（A2-1）。牛新春等提出，虽然招生倾斜政策录取学生的高中排名和高考分数均对大学学业表现有显著的影响，但高考分数的预测力相对更弱，只能随年级升高而保持（牛新春等，2018）。专项计划学生在高考与本科入学之初的暂时落后，不乏农村或贫困地区基础教育薄弱的缘故，当迈过高考的门槛，能够享受到同等优质的高等教育资源时，情况可能就会有所改观。正如一位本科学业成绩名列前茅的受访者所言，"在刚上大一的时候，可能会有少许的差异"，随着年级的增长，学业成绩上的差距逐渐缩小，到高年级时"差异可能就抹平了"（A1-2）。徐国兴的研究提出类似的发现，整体地看，"双一流"高校的专项计划学生与统招生的学业成绩确实存在差异，二者差异在本科学习过程中逐渐缩小。那么，能够"抹平"或"缩小"学业差距的专项计划学生为什么在离开本科校园之际仍难以达到毕业期望，难以挣脱"弱势群体"的身份标签吗？

二、生涯规划意识与行动迟滞

已有研究基于跟踪调研数据发现，重点大学学生生涯定向困难，招生倾斜政策受惠学生更容易出现生涯定向低清晰度（牛新春等，2018）。进入重点大学的专项计划学生受生涯多向发展、特殊身份标签和个人性格特质等的共同影响，在生涯规划过程中更易产生决策困难而处于生涯未决的状态。除了当代大学生存在的共性问题之外，专项计划学生因超预期进入重点大学，久久沉浸在"鲤鱼跃龙门"的喜悦与兴奋中，相比于贫困和农村学生等群体来说，更难以在大学初期唤醒生涯规划意识。本书中受访的专项计划学生多次提到"惰性""懒散"等词语，但对于"惰性"的含义，并非指不思进取、沉迷玩乐。一位本科就读于保研试验班的受访者这样解释："没有考研压力以后，就不太会非常拼，不会去参加很多竞赛、拿很多奖，再去争取更多的保研筹码。当然，也不会愁就业，不太会关注毕业的师兄师姐去哪工作，觉得毕业离自己十分遥远。这样一来，整个大学四年，我的成绩还是挺不错的，但仅仅是成绩挺不错，其他各方面的规划基本没有。现在看来，其实错过了很多机会。"（A4-2）。另外，还有像B2同学，在大一时因为没有做好学业和生涯规划，导致一门专业课不及格，虽然最终的学分绩高于保研分数线，但还是因挂科记录与保研资格失之交臂。由此可见，本书访谈对象所讲的"惰性"更多地体现在对生涯规划的懈怠。

一位受访者说道："我觉得大家的起点是一样的，之后体现得不一样，可能就是在个人管理、自我管理、时间安排"（C1-2）。汪小布基于学生投入理论提出，大学生的学业规划水平能够正向预测学习绩效水平（汪小布，2016），吴晓雄和刘敬芝则认为生涯规划教育对大学生学业发展、人格发展和职业发展均具有显著影响（吴晓雄等，2017），生涯规划对大学生的学业发展乃至生涯发展的重要作用是不容忽视的。回顾本科的学习生活经历，受访者一致承认"生涯规划是有着比较显著的作用"（D4-2）。"如果我自己有明确的规划的话，哪怕我比别人起步晚，但我可以在本科后期，或者研究生阶段去做弥补，也是可以实现的"（A1-2）。"还是要有一定的目标，目标要更明确一些才行，不然的话，我觉得就浪费了这样的一个计划名额"（D2-2）。尽管受访者已经意识到生涯规划的重要性，但也只能将遗憾寄托在"如果当时"的回首与诉说，他们的真实境况是在大城市的"诱惑"中迷失方向，在毕业季临近时"随大流"地做出选择，遇到挫折被动就业。那么，专项计划学生为何存在生涯规划意识薄弱的问题，从而丧失先机以致毕业期望的落空呢？

第三节　专项计划学生生涯规划的迟滞

一、专项计划学生父母采取任其自然发展的教养方式，家庭资本缺失导致生涯规划的启蒙土壤贫瘠

"城里孩子的目标和规划特别地清晰，我和我们班上的很多同学聊，他们很多就说父母想要自己读研或者毕业之后去哪个城市考公务员，还有一些同学父母要他们从大一就开始准备出国留学，但可能很多农村娃儿比较迷茫一些"（A1-2）。国内外已有研究指出，诸多先赋性因素使"第一代大学生"或"寒门学子"面临更多的劣势和挑战，并将贯穿这一群体的求学和生命历程，影响

着他们所能取得的社会经济地位（包括学业和职业成就）（王兆鑫，2020；陆一，2022）。专项计划学生往往是家庭甚至家族的"第一代大学生"，在面临教育决定和职业追求选择时，难以得到来自父母等家庭成员的咨询和资源支持。拉鲁在《不平等的童年》一书中将工人阶层家庭的父母参与归纳为"任其自然生长"（安妮特·拉鲁，2010）。类似地，专项计划学生的父母由于自身教育水平和信息资源的限制，本身也无法提供有价值的指导建议，同样多以听之任之、尊重支持的态度对待子女的生涯发展问题。"很多时候虽然他们很关心我未来的去向，但是很难给我什么帮助，也因此对我并没有什么期望。但是我很感谢他们一直以来都很尊重我的决定，很多时候都给予了支持"（B1-2）。"上大学之后开始基本上都是我个人的选择吧，很多地方其实他们自己也不知道。多数还是靠我自己，选择几乎就是完全自己做主，他们也尊重我的想法"（B2-2）。因此，专项计划学生会遭遇那些家境优越的非专项计划学生不曾感受到也不会经历的迷茫与踌躇。在生涯规划的启蒙阶段，专项计划学生难以获取来自家庭的信息支持和建议支持，从而只能独立地进行自我探索，不利于促成生涯规划的形成、执行和落地。

在布迪厄看来，不同阶层的家庭文化资本不同，上层阶级拥有更优势的文化资本，教育体制所传播的文化与统治阶级的文化更为接近。于是，拥有上层阶级文化资本的人更容易取得学业成功（皮埃尔·布迪厄，1992），教育通过被建构为有利于上层阶级的文化而实现文化再生产。优势教育阶层通过教育这一"隐蔽的"方式将阶层优势代际传递给下一代，教育领域的不平等被持续地维持着（Lucas et al.，2001）。有学者发现，家庭文化资本给子女资源驱动型教育活动带来的差异甚至将延续到硕士教育阶段，相较于非第一代大学生，家庭第一代大学生在硕士毕业之际的就业力仍然处于不利地位（徐伟琴等，2022）。一位受访者在讲述选择出国的舍友时，话语间不难体会到羡慕的意味："他们好的家庭背景给他们创造了好的条件，所以他们会更有机会去接触一些我在高中、初中的时候接触不到的东西。就像我有一个室友，她父母都是大学老师，她的那些书面的文件，她爸爸妈妈都可以帮她改，然后她要做到什么程度，他爸爸妈妈也会有规划"（C3-2）。专项计划学生不仅在家庭文化资本存在劣势，家庭社会资本、家庭经济资本和家庭政治资本（李春玲，2014）均处于不利地位，在教育成就的取得和职业生涯规划的过程中，家庭资本支持匮乏和经济状况较差的专项计划学生以更慢的速度获取有效信息，并以更低的效率利用信息（Tichenor et al., 1970），因此，合理的生涯规划行动进展缓慢。

二、专项计划学生由于降分优惠的身份标签而回避受助，自我认知模糊导致生涯规划的根基不牢

佟岩和于国涛认为，影响高校贫困生生涯决策的因素主要包括个人特质、背景经验及社会环境，贫困生因个体成长经历贫乏和家庭文化资本欠缺造成的视野狭隘、生活压力和自我概念模糊带来的发展受限都在一定程度上阻碍了有效决策的形成（佟岩等，2011）。来自农村和贫困地区的专项计划学生作为高校贫困生的子群体，除了家庭资本支持乏力的普遍性原因，其生涯规划意识与行为的掉队现象也有自我认知模糊的特殊性缘故。正如一位受访者毕业季时反思自己因"视野、思维方式和领导力"的欠缺而在入学初期错失了更好的发展机会，讲道："进入大学之后，智商差异、学习能力差异存在但并不大，是可以弥补的，但是软实力的差异难以弥补"（A1-1）。时过境迁，仍有受访者直截了当地肯定自我认知和生涯规划的关联及重要性："我感觉生涯规划很有必要。其实我们就是很缺失了解自己对什么感兴趣、了解自己想要什么、了解自己想要做什么的教育"（A2-2）。

不仅如此，专项计划学生的认知困境相比于高校贫困生更甚。专项计划学生由于降分录取的优惠政策才得以进入重点大学，这一身份标签如同"疤痕"一般，使他们在同辈压力中倾向于通过回避比较来掩饰差距，害怕被别人发现"专项计划学生"的身份而极力隐藏（吴秋翔等，2021）。"当时学校有人把我们叫到一起开过一个小会，讨论过我们专项计划的事。问到我们是否需要进行额外的辅导。然后当时很多同学，包括我，所持的意见都是不需要。所以后

面就没有了。当时想可能是如果进行额外的辅导,有可能就会打击一些信心之类的。"(B2-2)除了拒绝和回避来自外界的主动关照,他们也较少地向老师、辅导员等专业人士寻求帮助,"因为当时感觉自己其实并不需要,也没有感觉到有遇到什么说一定要找老师的这种困难"(B3-2),但实际上,受访者普遍表示,在低年级阶段容易陷入自我认知模糊的窘境。所谓的"不需要"和没有困难,只是专项计划学生将教授和行政老师看作权威的代表,应以尊重的态度对待,不可因自己的"小"问题加重师长的负担。他们没有认识到与老师交流沟通并建立良好关系的意义和价值,而这又决定了学生在多大程度上能够利用大学所提供的资源。

从上述表述可以看出,专项计划学生即使在面临生涯规划难题的情况下,仍由于渴望被平等对待而放弃来自学校等渠道的援助之手,忽视良性师生互动关系的建立。镜像自我理论认为,个体在社会互动中形成对自我的觉察是自我认知建立的关键(乔纳森·布朗,2004),疏于互动的专项计划学生缺少对自己的性格、兴趣、能力和价值观以及对未来和潜在可能性的探索,无法完成自我认知的建构,关于远方未知的只能靠自己把握的一切,他们只能在按部就班、自我拉扯中陷入迷惘的困局。例如,一位受访者后悔地提道,"大二一年看了很多闲书,但是像我同学他们当时都在学 Python,当时我还在想学这个有什么用"(A4-2)。

生涯选择以人们的认知和情感的交互作用为基础,认知信息加工理论认为,生涯问题解决者的能力取决于职业信息掌握和自我认知水平(Peterson et al.,1991),在个体职业决策的准备过程中,需要两大基石——自我知识和职业知识——的构筑建设,职业知识包括对特定职业的了解、学校专业及其组织方式(王本贤,2009)。"我觉得对自身情况有一个比较好的了解更加重要,或者说要能够公正准确地评价个人能力。大学是自我塑造的好时期,但是四年时间有限,想要全面发展并不容易,如果要做出取舍,那么最好都是基于本人的能力和特长来做选择。另一方面,我认为要深入了解自己所学专业也需要时间,对未来发展的考量都需要有一定的专业基础与行业认知"(B1-2)。一位土木工程专业的受访者提道:"我入学以后,国家形势的发展、行业的变化,导致土木专业越来越不受学生的欢迎,可能未来的就业待遇或者是就业前景也不是特别好。所以可能在认知的过程中会有一点迷茫"(A3-2)。自我认知模糊的专项计划学生被盈千累万且瞬息万变的社会资讯湮没,获取和利用有效信息的动机和能力不足,于是在学校到社会的情境变换中,停留在生涯选择的第一步,至于在信息搜集和整合的基础上,运用沟通分析技能和综合评估技能做出正确的生涯规划也就无从谈起了。

三、专项计划学生在"损失"心理驱使下偏好风险决策,目标定位偏差导致生涯规划的前进道路坎坷

当到了必须做出毕业选择的关键时期,专项计划学生容易在同辈比较的压力下倍感焦虑。牛新春等人基于跟踪调研数据分析发现,受惠于政策倾斜政策的学生在毕业之际的精神风貌比城市学生更为消极(牛新春等,2020)。心理学研究指出,在现实的经济生活分析中,面临决策的个体无法做到传统经济理论中的完全理性。吴莎和肖云川在分析大学生就业难问题中发现,基于市场需求的不恰当反应和自身认知偏差,缺乏职业生涯规划的大学生容易在就业或创业决策中产生非理性行为(吴莎等,2013)。丹尼尔·卡尼曼(Daniel Kahneman)在前景理论中提出,个体决策者首先会确定一个基于现状的中性参考点,如果预测的前景结果低于中性参考点,即表现为"损失"心理,由此倾向于风险偏好的选择(Kahneman et al.,1979)。在大学前半程的隐性竞争准备中,自我认知模糊的专项计划学生沉浸在重点高校舒适圈中安于现状,早早地丧失了保研的先机。另外,由于家庭经济资本难以支持出国留学的高昂费用,因此往往只能通过考研实现学历提升的愿望。但随着考研大军人数的屡创新高,考研成功概率逐年走低,加之疫情冲击下的就业市场需求萎缩,专项计划学生在参考优秀同伴的升学或就业情况中呈现出"损失"心理,并在风险偏好的驱使下不经谨慎思考和合理定位便制定过高的目标。正如一位受访者回答

考研的原因时讲道:"首先还是觉得受周边环境的影响更多,随波逐流,当时没有一个比较稳固的自我认知,我们的认识是建立在世俗的眼光上,或者是觉得有点幼稚地想证明自己"(D3-2)。

事实表明,自我证明和盲目攀高的心理在残酷的现实面前不堪一击,认知模糊和定位偏差导致的后果在毕业季中被无限放大。"本来这个预期是很高的,但是真实的情况是比预期要低一点……准备的时间特别短,然后临时变卦,我本身可能觉得能考一个名校或者考个定向选调之类的,后来结合自己复习的水平,我觉得没戏。我实在是觉得有点学不下去了,就临时调了一个专业,又给自己列了一个大概的区间,降了一档学校,最后结合复习的效果,在10月份报名时也只能妥协了"(D3-2)。"考研感觉也就是随大流,也没有把自己的实力明确,然后就去挑了一个有一定挑战性的学校……如果现在让我考研的话,我想考一个招的人相对比较多一点的学校,而不是像之前还有搏一搏的感觉。现在的话,我觉得就是求稳,要一个文凭"(D2-2)。当面对不确定的情况时,专项计划学生容易受到环境和心境等因素影响,高估小概率事件(如考研成功),而低估大概率事件,对"损失"的敏感性使得风险偏好倾向性更为明显,导致非理性决策行为的产生。经历了期望破灭的挫折和自我审视的反思之后,较为正确和合理的自我定位才得以形成,同时伴随着生涯规划意识的明显提升,模糊的未来图景才逐渐明晰起来。

第四节　本章小结

当前学界对教育不公平的关注,已经从入学机会不平等转向教育过程的质量与教育结果的差异。接受优质高等教育的专项计划学生虽然不会成为一般意义上面临"毕业难"的普通大学生,但在毕业时的期望与现实情况之间仍存在着较为强烈的落差,即实际毕业境况低于毕业期望水平。而在入学时,因政策优惠超预期进入高水平大学，同样存在着期望与现实的落差，即实际录取结果高于升学期望水平，整体情况如图6-1所示。从超预期入学最终发展成为毕业期望落空，期望水平的增长与实际水平的增长不同步是其中的关键因素。一方面，在制定目标的过程中，需要基于现状确定参考点，而专项计划学生倾向于淡化和回避自己与非专项计划学生的差距，便以身边能力相对较强的非专项计划学生作为参照群体，期望水平随着非专项计划学生期望水平的发展而同步提高。另一方面，生涯规划意识与行动的迟滞导致专项计划学生的实际水平发展受限，即使专项计划学生力图弥补与非专项计划学生之间的实际水平差距，但往往因为生涯规划意识和生涯规划能力薄弱而难以完成追赶，最终与非专项计划学生的实际能力水平没有实现同步增长。

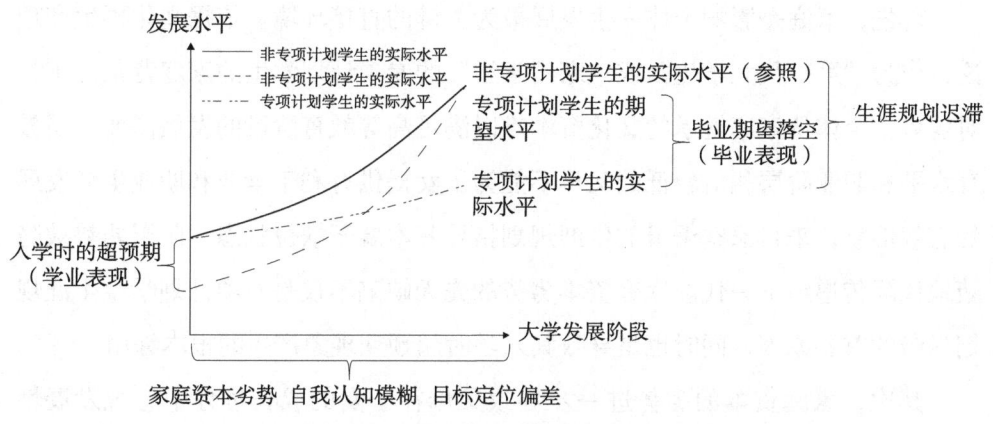

图 6-1　专项计划学生毕业期望落空的发展历程

相较于已有文献将专项计划学生的学业表现问题归因于学习能力、学业准备或适应能力，本书认为专项计划学生毕业选择现实远低于期望的现状首先来源于家庭资本劣势的先天缺陷，其对学业成就、毕业成就乃至人生成就的影响并不主要通过学习能力等方面，而是通过生涯规划意识和生涯规划行为产生作用，即将专项计划学生在走出校门之际依然弱势的境况主要归因于生涯规划的落后。生涯规划体现了个体的自律性和主动性，是个体对自我成长与发展的内在要求（Strauss et al., 2011）。如图6-2所示，专项计划学生生涯规划迟滞主要由多个方面的因素决定，并呈现出阶段性和递进性的特征。

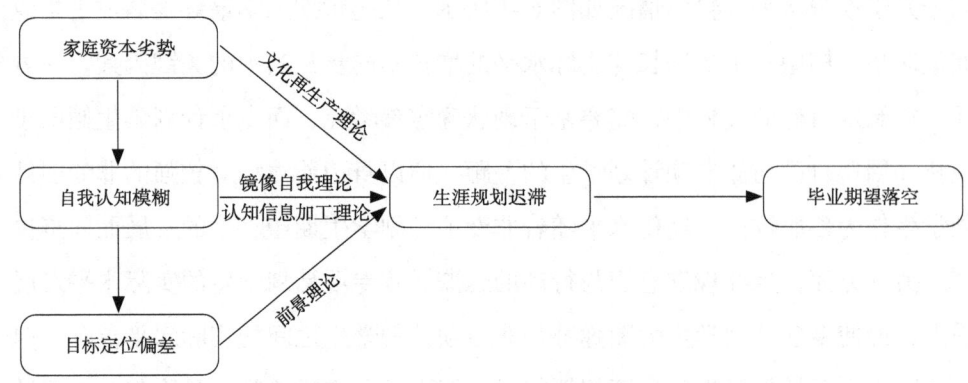

图 6-2　专项计划学生毕业期望落空的作用机制

首先，家庭是影响个体一生发展最为关键的直接环境。依据文化再生产理论，作为"第一代大学生"或"寒门学子"的专项计划学生的家庭背景处于相对弱势，个体从家庭继承的文化资本难以满足高等教育阶段的发展需要。受教育水平和职业阶层相对较低的父母不能为子女提供有利于学业和职业生涯发展的有效信息，来自家庭渠道的生涯规划指导基本属于缺位状态，阶层弱势被隐蔽地代际传递给下一代。家庭资本劣势的先天缺陷不仅是专项计划学生生涯规划迟滞的首要原因，同时也是导致其入学时超预期现象产生的根本缘由。

其次，家庭资本的劣势进一步导致父母在子女的成长过程中忽视发展性特质的培养。专项计划学生在高等教育阶段之前缺少塑造自我认知的资源和机会，在分数和升学导向下全神贯注于书本知识。而步入大学之后，则倾向于采取回避比较和拒绝帮助的方式隐藏自己的"身份"。基于镜像自我理论的启示，疏于进行良好社会互动的专项计划学生难以构建正确的自我认知，在信息和资源泛滥的新环境中，由于思维方式和发展视野的局限，只得在信息海洋中被动浮沉，无法在正确的自我认知下做出独立的思考判断与有效的资源利用。尤其是在大学发展中期，基于认知信息加工理论，专项计划学生由于从家庭、他人与社会中汲取和利用信息的能力较低，对自己的优势与劣势、生理与心理等方面的了解不足，对专业和职业的前沿发展与劳动力市场现状知之甚少，从而为生涯方向和行动的决策造成了极大的阻碍。

再次，模糊的自我认知不仅使得专项计划学生在大学发展中期无法尽早地进行生涯规划，而且使其在面临升学、就业等关键的毕业选择时，难以基于自身的实际情况做出目标规划，而是简单地选择身边能力较强的非专项计划学生为参照群体。结合前景理论，专项计划学生在升学和就业形势严峻的客观背景和"损失"心理的主观驱使下，不经审慎思考便冒险制订远高于自身能力的"天花板"目标，目标定位与自身实际能力水平从而存在较大偏误，因而目标定位与目标达成的过程中常常出现"高开低走"的窘况，勉强成型的生涯规划也只能伴随着高期望的泡沫一同破碎。

最后，学生的家庭背景及其成长过程中积累的文化资本是大学阶段如何进行时间管理的重要解释性因素（谢爱磊等，2022）。家庭资本劣势不仅导致专项计划学生的超预期入学和大学发展初期的迷茫彷徨，而且持续作用于大学发展中期的自我认知和临近毕业时期的目标定位。换言之，专项计划学生的自我认知模糊与家庭资本劣势密切相关，而目标定位偏差是家庭资本劣势和自我认知模糊综合作用的结果。在大学发展初期和中期缺乏生涯规划的情况下，留给专项计划学生的毕业选择已然不多，就业还是考研，保守务实或是放手一搏，然而风险偏好下做出的非理性决策，则意味着更高的失败概率和更为坎坷的漫漫前路。

专项计划给予了农村和贫困地区的学生接受优质高等教育的入学机会，却没有在培养阶段继续助力其做好生涯规划并提高综合素质。随着"底层文化资本"等概念对文化再生产理论的重新审视与突破，寒门子弟群体不再是文化资本匮乏的单一形象，他们所具有的独特的先赋性动力、道德化思维及学校化的心性品质，同样能够为高学业成就的取得提供动力（程猛，2018）。然而，即使专项计划学生凭借着高水平的院校平台和较强的学习意志及能力，能够在升学深造中夺得一席之地，或顺利签约工作单位，但自我认知和未来规划模糊的专项计划学生可能依然是"考研的机器""学习的工具"，将实现的途径当作追求的终点，缺乏主动意识、创新思维和广阔视野的他们难以真正获得人生出彩的机会。未来，专项计划如何在机会公平的基础上进一步促进过程公平和结果公平，是值得深思的问题。

因此，本书基于研究发现，从生涯规划的角度为专项计划学生发展提出以下建议。第一，专项计划招生学校应尽量以大类招生的形式延迟专项计划学生对于专业和职业道路的决策时点，使其在自我认知、专业认知和生涯规划能力相对成熟的状态下选择未来方向。第二，相关高校的生涯规划指导课程需增加生涯团体辅导和个体咨询，提供更加个性化的指导服务，并纳入心理健康教育板块。通过提高专项计划学生正确认识自我的能力来保障合理地规划生涯，并在寻找学习与发展过程中的关键成功事件来增强正向激励。第三，建立专项计划学生群体内部交流机制，增加同辈交流分享会等活动进行同辈生涯规划教育，并为专项计划学生配备生涯导师，帮助学生进行积极的自我探索、准确的自我定位和理性的生涯规划及决策。第四，在相关高校生涯规划辅导中添加乡村就业创业的板块，引进返乡创业咨询团队，解决返乡专项计划大学生难题，并通过大学生返乡就业创业典型案例的示范作用，积极引导专项计划学生参与到乡村振兴的建设中。

本章参考文献

安妮特·拉鲁，2010.不平等的童年［M］.张旭，译.北京：北京大学出版社.

程猛，2018."读书的料"及其文化生产［M］.北京：中国社会科学出版社.

崔盛，宫颢韵，2023.期望与现实的落差：从生涯规划看专项计划学生毕业选择［J］.中国高教研究，(3)：34-41.

李春玲，2014.教育不平等的年代变化趋势（1940—2010）——对城乡教育机会不平等的再考察［J］.社会学研究，29（2）：65-89，243.

陆一，2022.家与世代：培养家庭第一代大学生［J］.复旦教育论坛，20

(1)：1.

牛新春，杨菲，熊庆年，2018.高考分数和高中排名在招生中的甄别价值——基于招生倾斜政策的视角［J］.中国高教研究，（10）：17-24，41.

牛新春，郑雅君，肖瑜，2020.学业进步对农村学生精神风貌的建设意义——合理评估招生倾斜政策的新思路［J］.教育发展研究，40（Z1）：39-49.

牛新春，郑雅君，2018.重点大学城乡学生的生涯定向：基于跟踪调研的过程研究［J］.现代大学教育，（5）：58-71，113.

牛新春，2017.招生倾斜政策下重点大学农村学生的学业准备和初期学业表现——基于X大学的实证案例研究［J］.复旦教育论坛，15（4）：52-61.

皮埃尔·布迪厄，华康德，1998.实践与反思——反思社会学导引［M］.李猛，李康，译.北京：中央编译出版社.

乔纳森·布朗，2004.自我［M］.陈浩莺，译.北京：人民邮电出版社.

佟岩，于国涛，2011.高校贫困生生涯决策之影响因素分析［J］.现代教育管理，（5）：120-122.

汪小布，2016.大学生学业规划与学习绩效相关性研究——基于学生投入的视角［J］.教育学术月刊，（8）：67-73.

王本贤，2009.试析认知信息加工理论［J］.教育探索，（5）：7-8.

王小虎，潘昆峰，吴秋翔，2017.高水平大学农村和贫困地区专项计划学生的学业表现研究——以A大学为例［J］.国家教育行政学院学报，（5）：66-75.

王严淞，马莉萍，2021."双一流"大学招生倾斜政策下弱势学生发展的追踪研究［J］.复旦教育论坛，19（1）：89-96.

王兆鑫，2020.寒门学子的突围：国内外第一代大学生研究评述［J］.中国青年研究，（1）：94-104，48.

魏杰，黄皓明，桑志芹，2021."985废物"的集体失意及其超越——疫情危机下困境精英大学生的"废"心理审视［J］.中国青年研究，（4）：

76-84.

文雯，连志鑫，杨帆，2018.招生倾斜政策下的弱势学生群体：入学机会和教育公平——基于某重点大学入学数据的实证研究[J].清华大学教育研究，39（2）：111-119.

吴秋翔，李立国，2021.重点大学专项计划学生的非认知表现——基于"负担综合征"的质性研究[J].复旦教育论坛，19（5）：73-80.

吴莎，肖云川，2013.基于前景理论的高校毕业生就业问题研究[J].中国成人教育，（7）：63-65.

吴晓雄，刘敬芝，2017.职业生涯规划教育对大学生自我发展作用的研究——以某"211工程"大学为例[J].西南交通大学学报（社会科学版），18（4）：59-69.

谢爱磊，李家新，白宜凡，2022.时间的社会结构：文化资本与精英高校农村籍学生的时间使用[J].复旦教育论坛，20（2）：15-25.

熊静，杨颉，2018.招生政策倾斜背景下农村、贫困专项计划大学生学业适应研究——基于某"双一流"建设高校的实证调查[J].中国高教研究，（7）：30-38.

徐国兴，2019.跟跑也不易："双一流"高校专项生学业表现与发展研究[J].教育发展研究，39（19）：8-17.

徐伟琴，岑逾豪，2022.家庭第一代大学生的读研经历研究[J].复旦教育论坛，20（1）：13-21.

余秀兰，白雪，2016.向农村倾斜的高校专项招生政策：争论、反思与改革[J].高等教育研究，37（1）：22-29.

张玉婷，2016.不同家庭背景学生的高等教育经验——基于学生投入理论的质性研究[J].教育学报，12（6）：88-97.

KAHNEMAN D, TVERSKY A, 1979. Prospect theory: An analysis of decision under risk[J]. Econometrica,（2）.

LUCAS, SAMUEL R, 2001. Effectively maintained inequality: Education

Transitions, Track Mobility, and Social Background Effects[J]. American Journal of Sociology, 106(6): 1642-1690.

PETERSON G W, SAMPSON J P, PEARDON R C, 1991. Career development and services: A cognitive approach[M].Pacific Grove, CA: Brooks/Cole Pub.co: 51-60.

STRAUSS K, GRIFFIN M A, PARKER S K, 2011. Future work selves: How salient Hoped-for Identities Motivate Proactive Career Behaviors[J]. Journal of applied psychology, 97(3): 580-598.

TICHENOR P J, DONOHUE G A, OLIEN C N, 1970. Mass Media Flow and Differential Growth in Knowledge[J]. Public Opinion Quarterly, (2): 159-170.

第七章　世界高等教育倾斜性招生计划政策演进

虽然国情不一，但世界各国基本有在自己的高等教育体系中实施不同形式的高等教育倾斜性招生计划以提升本国高等教育的公平性。在研究我国高等教育倾斜性招生政策时，世界各国的经验可以为我们提供更加全面的视角。本章通过对一些较有代表性的发达国家、发展中国家的高等教育倾斜性招生计划政策演进进行梳理，为研究高等教育倾斜性招生计划提供了世界性、比较性的视野。

第一节　美国高等教育倾斜性招生政策

一、美国高等教育倾斜性招生政策的背景

自美国建国至南北战争前，美国南部长期实行奴隶制，黑人的人权难以得到保障。即使在奴隶制废除之后，长期的种族隔离仍然存在，白人处于特权地位，黑人等少数族裔处于被歧视地位。自1964年《民权法案》颁布后，联邦政府明令禁止了公共领域的种族隔离。尽管如此，白人特权阶层对少数族裔的歧视观念却长期延续下来，至今难以消除。而在美国民主制度下，少数族裔的代表不足，也难以通过国家政治为自身争取平等权利。种种原因，导致美国长期受到种族问题的困扰。而在资本主义市场经济下，美国高等教育市场化程度

很高，优质大学往往伴随着高额学费，这对中低收入家庭的学生完成高等教育造成了很大挑战。此外，作为典型的移民国家，美国种族多样性较高，不存在传统的主流文化，在第二次世界大战之后，多元化理论盛行，自 1978 年鲍威尔大法官在"加州大学诉贝克案"的董事意见书中提到多元化原则以来，最高法院一直坚持多元化的基本原则（Jenkins et al., 2014），这也为平权行动提供了另一方面的依据。

第二次世界大战后初期，受到美苏科技竞争与国内对高质量劳动力需求的驱动，美国高等教育改革表现出民主化、大众化的倾向。由于历史上对少数族裔的不平等对待，随着民权运动的兴起，为维护政治稳定，美国政府开展了广泛的平权行动，因而在很长一段时间里，美国教育改革也具有明显的反种族歧视的补救性政策倾向。自《退伍军人权利法案》颁布以来，美国陆续颁布了《国防教育法》《高等教育法》《高等教育法修正案》，对来自中低收入家庭的学生提供更多的财政资助。而受到阶级与种族之间的强相关性影响，美国高等教育招生政策表现出明显的种族意识，这也导致了新的矛盾产生。20 世纪 80 年代之后，反对种族意识政策的呼声愈演愈烈。同时，美国传统地方分权的政治格局下，高等教育体制以州为主体，缺乏统一的招生考试制度，因而各州的平权行动并不完全同步。受此影响，美国部分州和大学取消了原有的种族倾斜的招生政策，一些州和大学试图采取"百分比计划"等替代性政策。但这些替代性政策在学生群体种族多样性方面，都无法达到平权行动的效果。进入新世纪，联邦教育部又发布了若干《战略规划》，提出"保障平等受教育机会，促进全民教育"等多项目标，并强调"减少种族、社会经济地位不同的学生群体在大学入学和完成学业方面的差距"（U.S. Department of Education, 2002—2007）。

二、美国高等教育倾斜性招生的相关政策

（一）面向退伍军人的倾斜性招生政策

第二次世界大战前美国高等教育具有显著的精英教育特点，第二次世界大战结束时，美国已成为世界经济霸主，雄厚的物质基础为美国高等教育向大众化发展提供了前提，最先享受到高等教育福利的便是退伍军人。1944年，在反法西斯战争即将胜利之际，美国首先需要考虑退伍军人复员问题，《退伍军人权利法案》应运而生。《退伍军人权利法案》的出台，是为退伍军人重返平民生活提供保障，内容涉及就业、教育、贷款、医疗等多个领域。在教育方面，《退伍军人权利法案》规定，任何符合该法规定资格（主要指在1940年9月16日至战争结束期间服役）的退伍军人，都有权继续接受教育，联邦政府拨款为其支付书本、设备和其他必要费用，资助其完成学业，符合要求的退伍军人将获得每年最高500美元的资助，失去可依赖亲属的，每月可领到75美元的生活津贴（Congress，1944）。该法案出台后，自1945年到1956年，约233万退伍军人进入高校注册学习（唐滢，2007）。这一事件引起了高等教育的重大变化，特别是联邦政府资助退伍军人进入高校的先例，为之后政府资助弱势群体完成高等教育提供了范本，从而推动了教育机会平等化。

（二）面向优秀学生的倾斜性招生政策

从20世纪50年代开始，冷战日趋加剧，特别是1957年10月苏联发射了第一颗人造地球卫星，对美国政府造成了强烈震动，科技竞争成为当务之急。1958年，美国国会通过了《国防教育法》。"为加强国防，鼓励和协助教育项目的扩大和改进，以满足国家的关键需要与其他目的"（Congress，1958），《国防教育法》授权国会今后四个财年，拨款共计两亿多美元，建立高等教育贷款基金，为学生提供每财年最高1000美元、总金额不超过5000美元的低息贷款；每财年拨款7000万美元，资助教育机构购置设备，改进科学、数学、外语教学；设立国防奖学金，第一年设置1000个名额，此后三个财年增加到

1500 个名额,获奖者将得到总计 2000 美元的奖学金(此后逐年增加 200 美元)与 400 美元的家属津贴,高等教育机构也将获得每学年不超过 2500 美元的款项资助;每财年拨款 1500 万美元,用于资助教育机构的咨询、测试项目,选拔优秀学生(Congress,1958)。《国防教育法》强调加速教育、重视基础教育,以选拔优秀人才为目的,这也确定了未来美国教育改革的大方向。

(三)面向中低收入家庭的倾斜性招生政策

从 20 世纪 50 年代起,退伍军人陆续离校,美国在校生人数逐年下降。受国内对高质量劳动力的需求驱动,以及《退伍军人权利法案》这一先例的影响,中低收入家庭学生的高等教育也得到了更多的政策支持。1965 年出台的《高等教育法》,旨在保护贫困学生接受高等教育的权利,核心是学生资助,建立了教育机会助学金与担保学生贷款两个联邦资助项目(唐滢,2007),"通过高等教育机构提供教育机会补助金,以协助有特殊经济需要的合格高中毕业生,即那些若没有资助将无法接受高等教育的人,获得高等教育的福利"(Congress,1965)。《高等教育法》授权国会每财年拨款 7000 万美元,帮助教育机构支付学生的教育机会助学金,对于成绩优秀者,每年额外提供 200 美元。(Congress,1965)此后的数次《高等教育法修正案》,进一步扩大了资助力度,增加了勤工俭学计划、基本教育机会助学金、州学生激励助学金等项目,降低了担保学生贷款的利息。各类资助项目虽然不是以种族为标准,但少数族裔受益很大。

(四)面向少数族裔的倾斜性招生政策

美国教育领域的种族问题由来已久。从 1896 年普莱西诉弗格森案开始,美国最高法院确立了"隔离而平等"的原则(唐滢,2007)。但"隔离而平等"下少数族裔并未享受到平等,种族隔离政策却延续了半个多世纪,直到 1954 年布朗诉教育委员会案后,最高法院才宣布种族隔离政策违宪(唐滢,2007)。1964 年出台的《民权法案》,明确提出废除公共教育领域的种族隔离。但由于历史、政治、经济等多方面原因，少数族裔在高等教育领域相对白人处于明显的弱势地位。

进入 20 世纪 60 年代，美国国内的种族问题激化，民权运动愈演愈烈，同时期美苏间的意识形态斗争也在激烈进行。为了维护政治稳定，从 1961 年肯尼迪签署 10925 号行政命令起，美国政府开展了广泛的"肯定性行动"，以消除少数族裔在就业、教育等公共领域受到的歧视。1965 年约翰逊签署了 11246 号命令，《平权法案》正式出台。《平权法案》要求高校在录取时为少数族裔设立特别招生计划，降低其录取标准，增加少数族裔的比例，联邦斥巨资对高校予以资助（唐滢，2007）。受《平权法案》影响，多数公立大学陆续建立起针对少数族裔的特殊招生计划。

进入 20 世纪 70 年代，反对《平权法案》的呼声日渐高涨，出现许多关于大学招生公平的诉讼案，最有影响力的当属 1978 年加州大学贝克案。贝克两次申请加州大学戴维斯医学院，分数均低于常规招生计划要求，但高于特殊招生计划的分数。在两次被驳回后，贝克向法院提起诉讼，认为特殊招生计划违宪，要求法院强制戴维斯医学院录取他。法院最终采取了部分肯定、部分否决的方案，即声明该特殊招生项目违宪，但贝克没有被强制录取（Regents of the University of California v. Bakke, 1978）。鲍威尔法官表示："实现多样化的学生群体的目标足够有说服力，在某些情况下在录取决定中考虑种族是合理的，但戴维斯的特殊录取计划取消了对贝克等人的考虑，对实现这一目标是不必要的，因此在平等保护条款下是无效的"（Regents of the University of California v. Bakke, 1978）。可见种族意识政策仍是被法院肯定的，"多样性"的目标也为《平权法案》提供了补救性以外的依据。这一原则在 2003 年的格拉茨和格拉特案中被再次强调，微软等数十家大公司在提交的简报中"重申了高等教育多样性对美国大型企业的重要性"，多名军事领导人认为"种族多元化的高素质军官在军事上至关重要"（Jenkins et al., 2014）。

然而 20 世纪 80 年代后，关于种族意识政策的争论越发激烈。平权行动的支持者大多强调补救性与多样性两条原则。反对者则没有统一的观点：一部分人认为种族意识的招生政策造成了"逆向歧视",他们更关心现时的平等,忽视了美国长期种族主义的历史;另一部分人认为高校招生应以成绩作为唯一依据,这衍生出新的问题,即"'优秀'的标准如何定义",典型的优秀衡量标准(成绩)是否对各种族都是公平的;其他人则认为应以"阶级"替代"种族",需要援助的是所有种族的贫困生(Jenkins et al., 2014)。在这些诉求的推动下,加利福尼亚州、亚利桑那州等陆续结束了州一级的平权行动,部分州尝试采用种族中立的替代性政策,如基于阶级的平权行动和基于班级排名的"百分比计划"。研究发现,基于阶级的平权行动对学生多样性影响的衡量结果取决于检测机构的背景,特别是机构的选择性(Jenkins et al., 2014)。而采用"百分比计划"的高校虽然使用了不同的百分比和录取方案,但无法在种族多样性上达到《平权法案》的效果,这些高校的非裔和拉丁裔学生大幅减少,例如伯克利法学院,1997年只有一名黑人学生被录取(Jenkins et al., 2014)。各种形式的替代性政策,最终导致了相同的结果,即种族多样性的丧失与非裔和拉丁裔学生高等教育机会的减少(Jenkins et al., 2014)。

进入新世纪,联邦教育部出台了一系列《战略规划》。2002—2007财年的《战略规划》提出了高等教育的多项目标,包括减少种族、社会经济地位不同的学生在大学入学和完成学业方面的差距,改善历史上的黑人学院、西班牙裔服务机构和部落学院等。根据NCES的数据,2000年,16～24岁的白人青年中有65.7%高中毕业后进入大学,而只有54.9%的非裔同龄人和52.9%的西班牙裔同龄人进入大学,毕业率也显示出类似的差距。联邦教育部将通过加强大学准备工作、完善支持服务等方式缩小不同种族高等教育的差距。此后的若干《战略规划》中,各项政策日益细化,包括简化联邦援助的申请程序,增加佩尔助学金的名额,提供更多资助信息,拨款改善黑人学院和少数族裔服务机构等。此外,相较于过去,《战略规划》也更加重视提高中小学教育的质量,缩小学生成绩的差距,增加学生接受高等教育的机会。这反映出新的政策倾向,即通过提高基础教育的质量来缩小不同种族间高等教育的差距,同时也规避了种族意识政策带来的诸多矛盾。但改善基础教育毕竟是一项长期性的工作，时至今日，各种族间教育差距仍然很大，在今后的一定时期内，种族意识的招生政策是难以替代的。

三、美国高等教育倾斜性招生政策的讨论

美国财政资助制度与种族倾斜政策对我国具有很大的借鉴意义。美国财政资助制度较为完备，从申请程序看，申请者的家庭经济状况受到严格的审核，最终资助金额的测算也有规范的公式（唐滢，2007）；在还款上，美国建立了多种还款方案，以适应不同经济水平学生的还款能力，同时采取"最大违约率"政策，审查高校学生贷款的违约率，调动高校督促学生还贷的积极性，极大地降低了违约率（唐滢，2007）。而美国种族倾斜政策所面临的诸多问题，也为我们更加合理地分配高校招生计划名额、缩小民族间高等教育的差距提供了经验教训。

大众化与多样化是贯穿美国高等教育改革的两条主线。就"大众化"这一维度而言，从《退伍军人权利法案》开始，美国逐步建立起一整套包括奖学金、助学金、勤工俭学、贷款等形式的完善的财政资助体系，资助力度逐年增大，同时对申请者的审核制度与资助金额计算方式也逐渐成熟。虽然目前各阶层高等教育机会仍存在差距，但整体发展趋势向好。就"多样化"这一维度而言，美国显然面临更加复杂的问题。历史上的种族主义政策造成了少数族裔在政治、经济、教育等方面的弱势地位，采取补救性措施是必要且合理的。《平权法案》在部分州的废止，实际上是取消了少数族裔在过去的艰苦斗争中取得的权利（唐滢，2007）。但一方面，历史遗留问题短期内难以解决，少数民族政治、经济地位难以改善，也必然在教育领域处于弱势地位；另一方面，《平权法案》式的种族意识政策在实行过程中面临更大的阻力，现有的替代性策略却无法达到"平权法案"的效果。21世纪以后虽然政府尝试从中小学教育着手弥补不同种族间高等教育机会的差距，但短期内难以取得显著成效。

第二节 英国高等教育倾斜性招生政策

一、英国高等教育倾斜性招生政策的背景

17世纪英国资产阶级革命胜利，君主立宪的资产阶级国家代替了封建专制统治，18世纪后半期工业革命的兴起再次促进了英国资本主义经济的蓬勃发展，但在"教育与国家无关"和"精英教育"旧传统的影响下，英国政府长期不干预教育事务，来自社会弱势群体的儿童始终无法获得公平的入学机会。19世纪初，英国只有10所大学，接受高等教育的人数仅占全国总人口的1%，高等教育机会被富家子弟占据（Hayton et al., 2002）。到了19世纪三四十年代，工业革命基本完成，英国的工商业经济发展迅猛，工业化和城市化改变了人们的工作和社会关系，阶级关系和阶级斗争形式的变化激发了政治改革运动，政治和社会经济形势的变化给高等教育提出新的发展要求，带来新的发展动力（Hayton et al., 2002），新兴的中产阶级要求高等教育机会均等的声音也越来越高，在自由主义浪潮和功利主义教育思想的影响下，英国在重要工商城市新建十余所高等院校，形成史无前例的"新大学运动"，英国大学开始了由中世纪大学向现代大学的实质性转变，英国高等教育向大众化和民主化迈进（许明，1998）。但直至第二次世界大战前，英国始终维持较小的精英高等教育规模，只有不足2%的适龄青年可以接受高等教育，女性的比例不足0.5%（Blackburn et al., 1993），因家庭社会经济地位差距与地域差异等导致的入学机会不均衡问题也较为严重。

第二次世界大战后，为促进高等教育招生公平，英国发布与出台了一系列报告、政策或法规以扩大适龄青年，尤其是弱势群体的高等教育参与，为英国高等教育的发展路径与战略指明方向，高等教育入学率得以持续增长。学

界对英国高等教育招生考试制度改革的研究成果丰富,较有代表性的观点认为,改革大致经历了三个阶段:(1)第二次世界大战后至20世纪60年代。应政府要求,大学录取向退伍军人以及为社会做出贡献和具备其他特长的对象倾斜(Barlow,1946),第一次高等院校大扩招在保守党重新执政后偃旗息鼓,直至《罗宾斯报告》(Robbins Report,1963)提出指导方针和扩招目标,以及政府教育白皮书的发布,英国高等教育告别传统的贵族模式,向现代化、民主化和多元化迈进。(2)20世纪70年代至80年代。1972年,英国政府发布教育白皮书《教育:一个扩张的框架》,与《罗宾斯报告》一脉相承的《雷弗休姆报告》(Leverhulme Report,1983)、《20世纪80年代英国高等教育的发展》与白皮书《高等教育——应付新的挑战》对"罗宾斯原则"进行重申和再解读,建议进一步扩大高等教育招生规模。这一时期的前半段,英国高等教育大众化的进程因世界政治及经济局面的变化而有所减缓,到了20世纪80年代,高等教育入学率明显增长,但贫富群体之间入学机会的差距反而有所扩大。(3)20世纪90年代后至今。90年代初,新大学的成立标志着英国高等教育双轨制的结束和"后大众化"时期的到来,《迪尔英报告》指出教育机会均等问题不尽如人意,提出继续扩大高等教育参与、向弱势群体倾斜等建议。21世纪以来,英国政府发布《高等教育的未来》《新机遇:为了未来的机会均等》白皮书及《放飞希望》调研报告,资助由教育与技能部发起的"更高志向"计划,并颁布《高等教育法》,将扩大高等教育参与法治化。2020年英国高校联合会发表《公平录取调查报告》,明确英国高等教育招生制度改革对于公平性、科学性和客观性的不懈追求(Webster,2020)。

二、英国高等教育倾斜性招生的相关政策

本节主要介绍《罗宾斯报告》《雷弗休姆报告》《迪尔英报告》三个纲领性文件,以报告的公布为节点展现英国高等教育倾斜性招生与大众化进程。

（一）《罗宾斯报告》（Robbins Report，1963）

20 世纪 50 年代中后期，大学招生政策调查显示，英国有 72% 的成年人属于劳动阶层，而地方大学录取的学生中只有 31% 来自劳动阶层，牛津大学、剑桥大学招收的劳动阶层学生仅有 10% 左右，很多社会弱势群体家庭的学生无法完全享有接受高等教育的权利（UGC，1958），政府再次意识到大学精英招生政策与高等教育需求膨胀的矛盾，高等院校开始恢复扩招，保守党和工党在高等教育发展方向上形成了政治共识，加之第三次科技革命的兴起对高级技术人员的数量和质量提出新的需求，《罗宾斯报告》应运而生。《罗宾斯报告》基于英国高等教育现状与国家间比较的实证调查，系统地阐述了英国高等教育发展的目标，即"改变培养传教士、法官、律师和医生的传统，为人们提供在社会生活竞争中需要的技术和才能服务"，对 20 世纪 60 年代至 80 年代中期英国高等教育发展做出预测和规划，提出"应为凡愿意接受高等教育，并且学业成绩合格者提供接受高等教育的机会"的指导方针（后被称为"罗宾斯原则"）和"全日制学生数从 1962—1963 年的 216 000 人增加到 1980—1981 年的 560 000 人"（Robbins，1963）的扩招目标，并且提出应为成人女性接受高等教育设专项资助，以及与高等教育招生改革相关的诸多建议。高校人数扩充的建议直指高等院校的机会公平和扩大参与问题，对于宣扬"不是所有人都有资格接受高等教育"的"有限智力库理论"（Theory of Strictly Limited Pool of Ability），《罗宾斯报告》以专家的测量证据与结论意见予以明确的否定，加之向女性学生的倾斜性资助，充分体现了高等教育扩展和普及的价值取向。《罗宾斯报告》为英国此后几十年的高等教育改革和发展提供了政策依据，更多地给予了不同性别、年龄、阶层和种族的学生迈进高等教育殿堂的机会，高等教育规模扩张的实际成果远超《罗宾斯报告》的预期，英国高等教育自此告别传统的贵族模式，为平民阶层广开大门，极大地推进了社会民主化、大学多元化和现代化的进程，《罗宾斯报告》被誉为"英国高等教育从传统模式转向现代模式，从精英型转向大众型的宣言书"。

（二）《雷弗休姆报告》(Leverhulme Report, 1983)

20世纪70年代，在世界经济危机影响下，英国政府根据供给学派的理论，对高等教育的改革实行准市场化策略，英国高等教育趋于保守发展。到了20世纪80年代，《罗宾斯报告》基本完成了历史使命而功成身退，如何规划英国高等教育发展的新蓝图又成为了迫在眉睫且广受关注的新问题。在此背景下，《雷弗休姆报告》的发表为国民呈现了英国高等教育未来发展的前景规划。《雷弗休姆报告》是1980年启动的"雷弗休姆研究规划"的成果报告，研究由地区性专题研讨会开始，由下至上地递交研讨意见以供全国性研讨会讨论，自1981年4月至1982年9月间，共举办九次全国性研讨会，发表《高等教育与劳力市场》《高等教育的途径》《高等院校改革纪事》《科研的未来》《艺术与高等教育》《学生的专业化与灵活性》《教师的责任与自由》《资源与高等教育》《高等教育的结构与管理》九份专题报告，在此基础上，研究规划组撰写《响应厄运的挑战》《多样化中显优——高等教育新战略探讨》两份评述性或结论性报告，11份报告构成的《雷弗休姆总报告》对英国高等教育发展的探讨广泛且深入，以下择要介绍与高等教育招生相关的扩大高等教育入学途径这一问题。《二十世纪年代的高等教育》(1978年)预测，20世纪90年代中期的英国中学毕业生人数较20世纪80年代初将减少30%左右，这同样预示着中学后教育人数的大幅下降，英国高等院校对严格的入学考试要求的坚持与全日制荣誉学位的过分推崇显然已不适应当下的人口变化要求。《雷弗休姆报告》对此提出两方面建议：第一，建议扩大高等教育招生对象，将适龄青年扩展到成年范围，向所有具有高等教育和继续教育需求的人们开放课程；第二，建议采用灵活多样的入学考试形式，通过高级考试的单一招生考试和录取途径已然过时，"所有招生单位应允许25%的学生使用其他标准，例如能力测试、中学普通考试或中学教育证书、优先学习评估、个人学习合同等"。在英国经济衰微、高等教育前景堪忧的背景下，《雷弗休姆报告》通过具有民间性质的研究方法，在开放性和综合性的视角下，探讨了英国高等教育发展的现状和未来、限制与优势、自身与环境等诸多问题或关系,成为继《罗宾斯报告》之后的又一"具有划时代意义的里程碑"。

(三)《迪尔英报告》(Higher education in the Learning Society, 1997)

20世纪90年代中期,英国高等教育毛入学率达到30%,之后开始保持稳定状态,一直在30%~33%徘徊(BOOTH,1999),高等教育尤其是非传统型学生规模发展迅速。1997年,工党上台后致力于实施扩大高等教育参与的政策,制订了到2010年首次进入高等院校学习的大学生的比例占18~30岁青年的比例达到50%的高等教育发展战略。英国政府为评估《罗宾斯报告》出台以来的高等教育发展情况及拟订未来改革规划战略,成立高等教育调查委员会进行调查研究,委员会基于对英国、欧洲其他国家以及澳大利亚高等教育状况的详细和全面考察,于1997年发表长达1700页的报告《学习社会中的高等教育》(又名《迪尔英报告》)。《迪尔英报告》包含总报告、国家委员会报告、苏格兰委员会报告、14份分报告及4个附录,基于政治、经济、文化、产业调整和职业变迁等因素,指出英国高等教育发展面临的主要矛盾和问题,对此后二十年英国高等教育的发展做出预期和规划。在高等教育机会公平方面,《迪尔英报告》认为,英国高等教育规模和教育民主化进程虽然在《罗宾斯报告》后得到了长足发展,但中高收入家庭子女接受高等教育的比例是低收入家庭的两倍,教育机会均等问题仍不尽如人意,并预测高等教育规模将继续扩大,全日制高等教育入学率应从目前的32%上升至45%以上。《迪尔英报告》从教育经费、教育质量、区域发展、技术应用等方面提出93项与高等教育改革相关的举措,建议筹措高等教育经费的新机制,按照受益者分担教育成本的原则,自1998年起向学生收取学费;高等教育规模扩大和教育质量保障须齐头并进,加强对学位授予质量的评估;继续扩大高等教育参与,尤其需要向社会弱势群体学生适当倾斜,政府和拨款机构在分配资金时应向制定扩大高等教育参与措施的高校倾斜。《迪尔英报告》为21世纪的英国高等教育改革指明了方向和道路,从宏观层面建立了大学机构自治的基本原则并提供了大学参与市场的路径参考，被普遍认为是"自《罗宾斯报告》之后第一个全面回顾与反思英国高等教育并对未来发展作出战略构思的纲领性文件"。

三、英国高等教育倾斜性招生政策的讨论

在高等教育大众化的进程中，英国主要采取拓宽高等教育入学途径和通过有关文件鼓励扩招等形式来扩充数量，对于入学公平这一问题，英国政府通过倾斜性招生等方式使得非特权及弱势社会群体和非传统入学途径的年轻人拥有更多的机会参与高等教育，并为学生提供助学金和贷款，帮助来自贫困家庭的青年群体接受高等教育。根据《英国高等教育大数据》（Higher Education Student Statistics：UK，HESA）公布的英国高等教育统计数据，2017—2018 学年，英国年轻人进入大学接受教育的比例首次超过了具有历史意义的 50%，更有 57% 的女性将进入大学学习。总结来看，英国扩大高等教育参与政策的成效主要体现在：①总人数稳步增长；②女性学生人数迅速增长，参与率赶上甚至超过男性；③少数族裔学生的比例不断增加；④成年人的参与人数不断增长。"公平与公正"理念和"扩大参与"行动已经成为英国高等教育改革发展的关键词，多份政府白皮书都强调扩大高等教育公平入学的机会，冲击了英国高等教育的精英教育传统，教育大众化的理念得到越来越多人的认同。

从精英高等教育到大众化高等教育的转型过程中，英国高校具有倾斜性特征的招生考试制度的改革经验与启示主要有以下几点：（1）政府适度介入和规范高教体系；（2）立法建立长效保障机制；（3）重点扶持弱势群体；（4）落实助学贷款等经济资助；（5）重视宏观调研和战略规划。然而，尽管英国高等教育机构的录取人数逐年提高，经济社会背景处于优势的学生群体与处于弱势的学生群体被高等教育机构录取的比例依然存在很大差距，受根深蒂固的社会阶级等级意识影响，严格的筛选制度一直作为一种"秘而不宣"的选择标准在发挥作用，尤其是收费较高的英国老牌名校在入学方面仍带有一定程度的精英主义的色彩，当然，这也与英国大学享有充分自治权、重文轻理、重学轻术、强

调精英教育和绅士教育的传统密不可分，英国教育不公的现象在可预见的未来仍将存在。由此可见，要真正地实现高等教育公平，需要系统的方法体系改革，仅凭几次互不关联的扩大参与活动是无法真正达到目标的，英国对于如何使得高校招生录取制度朝着更加公平和科学的方向迈进这一问题，还有漫长的道路要走。

第三节　法国高等教育倾斜性招生政策

一、法国高等教育倾斜性招生政策的背景

法国的《教育法》中明确规定：公共教育服务是以学生为中心设计和组织的。它有助于机会平等，消除学校和教育成就方面的社会和领土不平等。它确保所有儿童不受歧视地融入学校。然而研究表明，与其他国家相比，法国似乎面临着更为严重的教育不公平现象（Marie et al., 2008）。一方面，法国的帝国历史与贵族文化传统赋予了高等教育培养精英的责任（François, 2019）。这使得在历史的演变中，法国大学逐渐形成双轨制的高等教育系统（Bernard, 2004）。法国高等教育的双轨制系统包括综合性大学系统（Les Universités）与大学校系统（Les Grandes Écoles）。其中，综合性大学系统包括综合大学与高等专科院校，主要承担大众高等教育，学生依据高中会考成绩直接申请入学，且公立大学学生的学费由法国教育部支出。而大学校以培养特定行业应用型精英为目标（张梦琦，2016），保留着服务于统治阶级的精英筛选作用（夏正华，2014）。大学校除了对学生高中会考（Baccalauréat）成绩有较高要求外，学生还需进行大学校预科班（Les classes préparatoires aux grandes écoles）的学习（Yves et al., 2018），并通过严格的学校自主考试（Concours）选拔后才可入学（刘希伟，2016），且学费高昂。法国高等教育双系统的割裂在一定程度上加剧

了法国社会隔离,有损教育公平。有研究表明,通过大学校入学考试的学生约62%属于社会精英阶层的子女(Langan, 2008)。一项基于 1998 年招生数据的研究表明,法国某大学校 81.5% 的学生来自社会上层或中上阶层,而来自于工人阶层的学生不足 1%(Sabbagh, 2011)。因此,布迪厄批判大学校的入学考试实质是特权的转化,把社会等级变为学校等级,从而使社会等级的再生产合法化(宫留记, 2009)。

另一方面,宽松的移民政策与社会保障的不匹配,也加重了高等教育公平的问题。秉着自由、平等、博爱(Liberté, Égalité, Fraternité)的国家格言(王蔚,2015),法国相对宽松的移民政策使法国成为接受移民最多的国家之一(刘希伟,2016)。自第二次世界大战起,法国移民数量占法国总人口比例一直不断上升(邢克超,2006)。然而研究发现,由于移民人口整体较低的社会地位,大多移民子女难以获得优质教育资源(邢克超,2006)。研究表明,法国移民家庭的贫困率为 38.6%(彭姝祎,2021),大多分布在法国的贫困地区。因此,移民子女在获取教育资源方面存在不足,其教育成绩也明显差于本地人(ICHOU, 2013)。因此,法国中上层阶级的家庭的家长并不愿其子女学校接受过多的移民子女,因为在他们看来,这将影响学校的发展质量(Dube, 2020)。也有研究表明,教师对移民子女的悲观态度倾向不利于其学业成功。这在一定程度上影响了教育公平,加剧了法国的社会分层,并形成了移民人口形成隐性歧视(彭姝祎,2021)。20 世纪 70 年代,在经历经济危机之后,法国社会矛盾与不平等问题日益突出(王晓辉,2005)。城市暴力事件,街区骚乱等社会问题的频发呼吁法国政府更关注教育公平的问题(邢克超,2006)。

二、法国高等教育倾斜性招生的相关政策

由于精英教育传统影响,法国高等教育中不平等问题的核心是进入大学校的机会不平等。随着高等教育的大众化发展,大学校招生的封闭性与阶级倾向再次引发社会舆论(Aude, 2012)。近年来,法国大学校多开展向社会开放的

招生项目,旨在通过这些倾斜性招生方式丰富其生源社会背景,在一定程度上促进了高等教育公平。经文献整理发现,法国精英院校倾斜性的招生项目主要有以下几个方式。

(一)在"教育优先区"增设预科班

教育优先区(Les Zones D'éducation Prioritaire, ZEP)的建立旨在"有选择地加强学校不及格率最高的地区和社会环境中的教育行动,为纠正社会不平等做出贡献(Heurdier, 2014)。"教育优先区会获得政府提供的教育拨款、教师等额外教育资源,并根据本区学生情况制定适合学生需求的教育政策和教育方法。根据法国教育部的统计数据,教育优先区中贫困学生、外籍学生、学业困难学生的数量明显高于其他学区(Bénabou et al., 2009)。而法国大学校高竞争性的预科班是学生进入大学校学习的主要方式(Marie et al., 2008)。但大学校的预科班多设立在优质的高中,这使大学校的生源阶级固化。20世纪初,法国大学校开始通过在郊区、中型城镇等地区创建预科班的方式,以拓展大学校学生来源的阶层多样化(Yves et al., 2018)。

(二)对口"教育优先区",实行特殊考试录取方式

以巴黎政治学院(Institut d'Études Politiques de Paris, Sciences Po)为例,该校推行了"优先教育协定"政策(Convention Éducation Prioritaire),旨在与"教育优先区"的部分高中开展合作,通过将其入学考试的部分权力委托给合作高中(Aude, 2012),为其高中的学生创建一个特殊的录取通道。具体来讲,这些"教育优先区"合作高中的教师可在校内甄选出一定名额的优秀学生,而这些学生无须进入预科班的学习,只须通过巴黎政治学院特定的资格考试选拔入学(Paul, 2010)。此外,对最终被录取的学生,大学校还会提供一定的经济援助和特殊辅导,以帮助他们适应学校的教育环境(Sabbagh, 2011)。

(三）拓展培训方式，推行学生辅导项目

以埃塞克高等商学院（École supérieure des sciences économiques et commerciales，ESSEC）为例，该校推行了"为什么我不能？"（Pourquoi Pas Moi，PQPM）项目（Agnès，2010），旨在通过学校学生对合作高中的高中生进行辅导，来帮助其成功入学（Annabelle，2008）。ESSEC 学生的辅导课程每周在其合作高中举行，除了讲解课业知识、学习方法外，学生导师们（Les étudiants-tuteurs）还会对学校所需的基本能力进行指导（表达流畅文明、责任使命等（Paul，2010））。在 2008 年，约有 50 所大学校与高中合作开展了学生导师项目，约 5000 名高中生参与其中（Paul，2010）。目前，对选定的高中生进行辅导已成为大学校招生社会开放的最常用形式（Aude，2012）。

三、法国高等教育倾斜性招生政策的讨论

大学校的倾斜性招生项目取得了一定的成效。20 世纪 90 年代，一项基于大学校招生数据的研究表明，大学校 81.5% 的学生来自社会上层或中上阶层，而来自于工人阶层的学生不足 1%（Sabbagh，2011）。而 2005 年的调查数据显示，通过大学校特殊招生方式入学的学生有 90% 来自贫困或中等背景（Bernard，2004），而在 2009 年的统计中，83% 的学生是第二代移民，其中近 85% 的学生至少有一位父母在非洲出生（Sabbagh，2011）。

此外，法国政府也因社会阶级隔离等问题不断呼吁各大学校反思其民主合法性，号召大学校进行招生民主化改革。法国政府也通过立法推广、资金保障、政策要求等方式，使大学校社会开放的招生项目得到支持和普遍应用。在立法方面，2005 年，法国国家教育部与部际间城市代表团起草了一份《机会均等宪章（Paul，2010）》（Une Charte pour l'égalité des chances）。该宪章将大学校的倾斜性招生项目纳入其中（Aude，2012），旨在通过立法的形式，以使这些精英院校的倾斜性招生项目得到推广。在资金保障方面，法国政府支持成

立社会开放小组（Le groupe ouverture sociale，GOS），旨在将 ESSEC 的学生导师项目提升为可效仿的模式，并推广为广泛遵循的主要工具。社会开放小组的负责人也是 ESSEC 项目的负责人，主要是为 ESSEC 学生导师项目提供更多的设备和激励措施，包括技术援助、资金保障等（Agnès，2010）。在政策要求方面，法国政府对大学校预科班的招生提出了明确要求。2006 年，时任法国总统的雅克·希拉克提出大学校预科班需招收 30% 的奖学金获得者，即来自相对贫困地区的学生（Paul，2010）。萨科齐总统继任后，增加了"每所高中都需向大学校预科班提供至少 5% 的生源"的要求。政府的干预在一定程度上丰富了进入大学预科班学生的社会背景。研究表明，大学校预科班的招生人数在 2003—2007 年内增长了 16.9%，工人阶级子女的比例有所增长（Yves et al.，2018）。

经文献整理发现，法国高等教育倾斜性政策主要有三大特点：一是以精英院校的各类社会开放招生项目为主，政府通过立法、资金支持、政策要求等方式使这些尝试获得合法性，并进一步推广；二是由于精英院校拥有一定的招生自主权，各校的倾斜性招生项目各有特色；三是精英院校的倾斜性招生项目更注重考虑招生对象的社会地位，主要面向社会阶层较低的群体。然而，这也使精英院校的倾斜性招生项目仍然带着浓厚的精英色彩，导致其成效甚微（Aude，2012）。事实上，法国精英院校实施这些项目的核心目的是对其招生社会封闭批评的回应，以获取其继续培养精英的合法性（Agnès，2010）。因此，调查发现，法国精英院校倾斜性招生项目的受益人群并非以贫困的学生为主，而更多是优秀的移民子女和中等阶层子女（Sabbagh，2011）。这表明，法国精英院校倾斜性的招生项目并非意味着入学机会公平，而是这些精英院校通过对合作高中及其学生的筛选，变向向精英倾斜的一种选拔方式（Agnès，2010）。因此，尽管法国精英院校的倾斜性招生项目在一定程度上改变了其生源社会背景单一的问题，但并未因此产生新的精英阶层（Paul，2010）。且研究表明，许多没有文化和丰富教育资本家庭环境的学生即使自身成绩优异，出于对潜在未来的务实考虑，也不愿接受大学校倾斜性招生项目的选拔（Yves，2018）。

此外，还有研究显示，通过大学校倾斜性招生项目进入精英院校学习的学生有 50% 在入学后存在学业困难，16% 的学生面临重修或退学的风险（Agnès，2010）。

法国促进高等教育公平的相关政策虽在落实上成效较小，但对我国推动高等教育公平仍具有一定的借鉴意义。一是给予高校开展倾斜性招生一定的自主权。给予高校在倾斜性招生政策制定上一定的自主权，以使高校结合自身特点制定符合自身发展特色的倾斜性招生政策，并增强其政策执行的行动力。二是加强对高校倾斜性招生政策的支持和监管。一方面，政府可通过政策、资金资助等方式对优秀的高校倾斜性招生政策给予支持，并帮助其推广；另一方面，政府可通过要求招生信息公开等方式，使高校倾斜性招生流程更透明化，并对高校倾斜性招生政策的落实情况进行评估督导，减少内部差异的形成。

第四节　日本高等教育倾斜性招生政策

一、日本高等教育倾斜性招生政策的背景

自 19 世纪 60 年代末实行明治维新以来，日本逐步由封建社会转变为资本主义社会，成为一个拥有强制性中央行政机构的国家，经济上也得到了显著发展。这一时期国家大兴教育，主张"文明开化"，学习西方先进的科学文化知识，极大推进了日本近代教育的发展。日本政府颁布教育改革法令《学制令》，设立文部省为统辖教育的中央机构，主张"四民"平等入学，并为学习成绩优异的家庭贫困学生提供帮助。1877 年东京大学成立，标志着国立大学的诞生，西欧式的高等教育制度在日本得以创建。20 世纪 40 年代末，日本进行战后改革，进一步将西欧精英型的教育制度变为美国式的大众型教育制度。1947 年日本颁布《教育基本法》，教育体制由中央集权转变为地方分权。日本在高等

教育招生过程中不对考生的地域进行限制，各地域为争夺优质生源，在教育层面加大投入，对教育的支持呈现一种相互竞争的态势。20世纪70年代私立学校的蓬勃发展便是由于这种地域之间的竞争。

无论是明治维新还是战后改革，在教育方面均追求机会上的平等。国立、公立、私立大学的入学考试以能力为主，尽管事实上考试竞争的胜利者大多出身于上层或者中层阶级，但这种竞争本身没有限制阶级出身（天野郁夫等，1993）。后续日本所进行的高等教育招生改革也将营造高等教育入学机会公平视为重点，无论是"升学能力测试""能研测试"，还是"共通一试""中心考试"，日本一直在尝试建立统一的招生考试制度，在这些招生考试制度中，更加关注为回国子女、残障人士、家庭困难学生等群体提供政策扶助与便利条件，为所有人创造高等教育机会公平也是日本高等教育招生制度所追求的目标。本节主要介绍日本高等教育阶段的倾斜性招生政策。

二、日本高等教育倾斜性招生的相关政策

（一）回国子女大学入学考试相关政策

回国子女是指跟随监护人移居国外后又返回日本的子女。有研究表明，回国子女中存在着海外居留长期化、海外出生完全不曾具备在日生活经验、残障人士增加、回国地域分散化等复杂情况（伊藤雄二等，2000），难以使其按照一般标准参加大学入学考试，因此要强化对回国子女的适应性教育、为其合理提供接受高等教育的机会，回国子女教育问题愈加受到日本政府和各大学的重视。

日本政府确定于1982年后实行区别于"一般入学考试"和"推荐入学考试"的"回国子女入学考试"。考试内容免除或减少对学业成绩测试（学力）的考察，更加重视小论文和面试选拔，被视为"积极的纠正歧视的措施"（佐藤郡衛，2005）。1993年，大学审议会发布报告《关于改善大学入学考试审议总结》，提出要将评价尺度"多元化"，从多方面审慎判断考生的能力和资质，

"回国子女入学考试"被定位为"多种入学考试方法"之一。从 1982 年起实施的回国子女考试更多的是面向未接受过日本教育的学生的一种带有救助性质的倾斜性政策，而 1993 年之后则成为全国性大学入学考试体制改革的一部分，其正式地位得以确立（井田赖子，2015），并沿用至今。

在具体实施过程中，国立、公立、私立高校可根据自身情况制定具体的招考规则。如东京大学（国立大学）面向回国子女设置了特别选考，要求报考人满足在国外修习结束或即将修习结束 12 年的正规教育课程等一系列基础条件，由考生按要求提出书面申请，申请合格者将参加小论文、学力测试及面试（东京大学，2022）。庆应义塾大学（私立大学）同样要求满足一定的基础条件，但选拔的内容及方式因学部而异，如报考药学部需要参加书面遴选、理科和外语笔试、小论文和面试（慶應義塾大学，2022）。2020 年后受新冠肺炎疫情的影响，从海外归日的回国子女人数增多，对此，文部省及海外子女教育振兴公益财团法人设置特别咨询窗口，为其提供支持服务（文部科学省，2020）。

（二）残障学生大学入学考试相关政策

1981 年，联合国发起了"国际残疾人年"活动，强调残疾人应平等地、不受歧视地接受教育。当时，日本残疾人接受高等教育的机会甚微，61.8% 的残疾人能升入高中学习，但只有 1.2% 的残疾高中生能进入大学学习（陈志斌，1985）。日本政府竭力弥补残疾人教育的不足，在 2005 年的《关于推进特别支援教育制度的发展方向（答复报告）》中，明确指出对盲人、聋哑人、肢体残疾、智力障碍等残障人士提供支援教育（文部科学省，2014）；在 2006 年发布的《对学校教育法施行规则的修正》中还提出对学习障碍（LD）、注意力欠缺多动症（ADHD）、自闭症群体等提供教育支持（高橋純一等，2014）。大学入学考试中心每年度都会发布《残障人士大学入学考试指南》，各大学据此设计不同的考试规则，具体根据"视力障碍""听力障碍""肢体残障""病弱""发育障碍（智力、学习力、注意力障碍等）"不同残障类型为学生参加入学考试提供一系列便利措施（日本学生支援機構，2022）。伴随着《第二期教育振兴基本计划》相关政策的出台,日本文部省进一步强调在高等教育阶段保证那些积极的、有能力的残障学生获得受教育的机会(文部科学省,2013)。据2015年的一项调查显示,70%以上的大学支持在考试时"设置特别房间""允许残障人士乘坐的车子进入考场范围""指定靠近洗手间附近的考场""指定靠窗的明亮座位"等(文部科学省,2022)。2016年4月,日本出台了《消除残疾歧视法》,从法律上禁止对残障人士的歧视性待遇,并要求为其提供合理的便利(法务省,2022)。

文部省在《关于残障学生的修学支援研讨会报告(第二次总结)》中披露的数据显示,截至2015年,有21 721名残障学生进入大学就读,占所有学生的0.68%,同过去10年相比,残障学生的数量增加了约4倍。残障学生分别在880所大学就读,占全国大学总数的74.5%。报告指出,要根据残障学生的特点,以残障学生的能力资质、学业成绩等为前提,在入学考试中采取延长考试时间、分室考试、使用辅助技术支援保证信息传递、改变答题方式等措施,并应在考纲中明确说明考试形式、评价标准等(文部科学省,2022)。新冠肺炎疫情暴发以来,大学入学考试中心对残障人士参加招生考试指南做出调整,如考生有"不便佩戴口罩"的情况,允许其提前做出申请。

(三)针对少数民族及经济困难学生的相关政策

日本的《教育基本法》第4条规定,必须为全体国民提供平等的、个人能力所及的受教育的机会,不因人种、信仰、性别、社会身份、经济地位及门第而产生教育上的歧视(白刚等,2015)。日本的民族构成较为单一,大多数日本人为大和民族,同时也还存在着阿依努人、琉球人等少数民族。其中,主要居住在北海道岛的阿依努民族是日本政府正式承认的土著民族,由于历史、等级制度、经济贫困等原因,阿依努民族在教育上面临着严峻的问题。据北海道民生部的调查显示,2006年阿依努人所居住的城镇平均大学升学率为38.5%,而阿依努人的大学升学率仅为17.4%(野崎刚毅,2010)。北海道地区各地方政府采取了一系列措施帮助改善阿依努人的受教育现状。如日高市向有能力、但因经济等原因难以接受大学教育的阿依努人子女提供贷款，用于入学及日常学习生活，为就读于国立、公立大学的学生月提供 51 000 日元以内的贷款，为就读于私立大学的学生月提供 82 000 日元以内的贷款（北海道日高振兴局，2022）；带广市为符合申请条件的阿依努族学生每人每年提供 10 万日元的助学金援助（带广市，2022）。

除为经济困难的少数民族提供倾斜性政策支援外，日本政府还为经济困难者专门建立了学生资助制度，即"育英奖学金制度"，为有学习能力但因经济原因难以完成学业的学生提供援助，其中包含政府提供的奖学金、助学金、贷学金、减免学费等。日本设有"学生支援机构"，专门负责提供学习费用贷款等方面的经济援助工作。日本的助学是通过国家贷款来进行的，其首要考虑的因素是家庭的经济状况，奖学金分为有息和无息两种，同时针对毕业后的情况、身体状况、工作情况等，会有不同种类的豁免或者减免。截至 2021 年，有 37% 的学生使用了贷款奖学金。根据宪法和教育基本法规定的"受教育机会均等"的原则，向因经济困难的学习优秀学生提供 12 416 亿日元的贷款和助学金。

（四）新冠肺炎疫情暴发后的相关政策

2020 年暴发的新冠肺炎疫情对全球教育产生了巨大的冲击，日本政府针对这一特殊情况采取了相关措施。首先，为保障学生参加入学考试的机会，文部省要求各公立、私立学校在学生因新冠肺炎无法按时参加考试时，通过增加补考来保障学生的入学机会，如果主考和补考都无法参加，还应该设置额外的考试机会供学生选择。其次，增加多种考核方式，如果考生无法参加大学单独测试，可以采取线上面试、线上参与大学课堂、撰写小论文等方式参与选拔；疫情有时会导致学校停课、考试延期等情况发生，从而影响考生部分报考材料的提交，对此，文部省建议各高校制定合理的选拔方法，将考察重点放在考生的努力以及考生的报考动机上，如要求考生在推荐书、志愿理由书等材料上充分反映报考理由及就读计划等（文部省，2021）。同时，在统一考试中增加单独考场，针对新冠肺炎无症状感染者或确诊密切接触者，应提供单独的教室作为考点，并提供必要的防疫措施（文部省，2021）。

三、日本高等教育倾斜性招生政策的讨论

日本在促进高等教育公平发展中尤为注重机会公平，采取的倾斜性招生政策加大对特殊、少数群体的关注，以消除歧视，促进高等教育的普及化。日本高等教育倾斜性招生政策具备如下特点：①不断完善相关法律法规政策建设；②建立制度保障，拓宽援助范围；③注重招生中评价的多元化、多样性；④结合了具体的时代背景和社会环境。这些特点也是日本高等教育促进招生公平改革的落脚点，同时也具有一定的参考价值，如政策的推出与执行离不开法律法规的保障，以明确对招生中的各个环节进行规定和约束；在公平对待弱势群体的同时也要区分不同的具体情况，分类型提供恰当的支持；在新冠肺炎疫情期间，采取多元的评价方式来缓解疫情对高等教育的冲击。日本在高等教育招生公平中的成熟经验值得借鉴，同时也应结合不同国家的社会背景和发展要求，具体问题具体分析，更好地促进高等教育公平，使更多人能够拥有接受高等教育的机会。

第五节　南非高等教育倾斜性招生政策

一、南非高等教育招生公平问题的背景

（一）政治、经济与文化等社会环境

南非高等教育的招生公平问题有着浓厚的殖民主义色彩。自欧洲殖民者于17世纪殖民南非开始，直至20世纪中期，南非白人作为南非的主要政治实

体,享受着经济、社会与文化意义上的优先地位。自1948年起,种族隔离制度的实行加速了白人与非白人之间收入、社会地位、公共资源及教育水平上的差异,并在南非国家党(Nationalist Party)的执政期间得到强化。体现在高等教育招生方面,则凸显为南非大学几乎全为白人所开设,黑人、印度裔与黄种人几乎无法获得高等教育。同时,在社会经济层面,加深了对南非黑人廉价劳动力的压榨与剥削,进一步加深了南非人种之间的不平等(公钦正等,2020)。

一方面,非白人的低收入水平决定了他们无法担负孩子接受教育的费用,导致在进入高等教育之前,大量的非白人学生无法完成正常的学业便参与农业、手工业、等工作生活,更有甚者面临着辍学后无法就业的生存压力;另一方面,白人为了巩固与强化这种基于种族歧视的优越性地位,在1953年开展了广泛的班图教育,以提高黑人教育有效性为名,降低黑人教育质量,确立了黑人教育相对白人教育而言的低劣地位,以普遍的奴化教育取代教会与慈善机构对黑人的自由教育,加深了种族隔离制度在教育层面的不平等,最终积累导致高等教育的招生不平等。

(二)高等教育系统与招生概况

在1994年种族隔离制度被取消之前,促进教育公平的积极招生政策影响力是十分有限的,且主要依靠大学自身对国家有关政策的响应。1959年,大学教育延伸法(Extension of University Education Act)限制了白人大学的非白人进入大学,进而产生了专属黑人、印度裔与有色人种的大学。这一条例随着1976年索伟托的学生抗议行动而有所松动,到了1983年,大学修正案(Universities Amendment Act)在国外经济制裁与国内学生运动的双重压力下,要求大学向非白人群体开放,而一些大学积极响应(例如,University of Cape Town),另一些大学则维持原状(Jenkins et al.,2014)。

在种族隔离制度取消之后,随着高等教育法与平等就业法分别于1997与1998年颁布施行,南非政府首次明确提出"公立高等教育招生政策必须为纠正过去的不平等现象采取措施,并不得以任何方式进行不平等的歧视"

（Jenkins et al., 2014）。然而，政府对两条法案的执行力度仍旧有限，大部分高校的招生公平措施停留在特定的研究领域中，并高度依赖私营部门企业的财政帮助，为了能够在就业领域获得满足技能要求的黑人劳动力，而在高等教育领域对黑人的扶持政策。

二、南非倾斜性招生政策发展的历史沿革

（一）白皮书

从宏观维度来看，为实现南非高等教育的招生公平，主要有扩大招生与增加生源多样性两种途径。而在20世纪末期，南非政府便已经开始在有限的教育资源水平下制定倾斜性招生政策。而南非政府自1994—1997年发表的三封高等教育白皮书，则是为了在不扩大招生规模的前提下，尽可能地拓展招生的多样性，帮助来自偏远地区的黑人群体逐渐进入高等教育的殿堂（牛长松，2009）。

早在1996年南非共和国宪法提出教育公平之前，1994年的重建与发展项目（Reconstruction and Develop Program，RDP）中提出了三个目标：提高南非公民接受各层教育的机会，提供高质量的教育，提高教育的公平与效率。整合了单一的国家教育部门，提出了国家资格框架的初步体系，并与劳动部门合作开展技能培训的相关领域（Government of South Africa，1994）。该项目作为南非高等教育最早的官方文件，初步规划了南非高等教育的体系结构，为进一步落实高等教育的倾斜性招生政策打下了坚实的基础。

为了进一步落实RDP所提出的目标，并加快南非高等教育体系建设，1995年的第一篇教育白皮书将教育与技能培训视作建设南非民主的首要步骤。将教育（Education）与技能培训（Training）进行区分，是为了更有针对性地解决南非的就业问题。通过教育与训练的区分，将落实为理论与实践、学术与应用、知识与技能、头脑与手法之间的区分，进而更好地开展大学的学术培训及技能学校的职业技术培训（Department of Education，1995）。实现这一目的不

可缺少的便是国家资格框架（National Qualification Framework，NQF）的建设，它可以用来进行更优化的课程设计，并区分南非的受教育群体在完成基础的义务教育阶段以后，更适合接受未来的高等教育，还是进入职业技能培训的阶段之中。

于1996年颁布的第二篇白皮书正式着手于倾斜性招生的政策基础。其中明确提出要确保地方之间的教育扶持资源要分配到位。考虑到南非近一半的黑人群体居住在偏远的村庄中，资源应当相对地倾斜于这些群体。实际上，在南非高等学校招生的公平问题上，受到帮助最多的是黑人女性，其次才是黑人男性，以及其他的印度裔、有色人种以及残疾人士等社会弱势群体。为了落实前两份文件所提出的，关于高等教育体制改革的有关要求，第二篇白皮书主要围绕着新体系建设的理论与实践展开。为了从根本上消除原有的高等教育招生不公平现象，必须从学校的组织、分类、管理与所有权上进行重新的组织与设计（Department of Education，1996）。

1997年的第三篇白皮书则聚焦于高等教育的整体规划，核心在于建立一个统一的高等教育管理体系，打破传统的碎片化、地区化的高校管理模式，建立统一标准的高等教育招生补助体系，为了实现真正的民主，以及解决南非未来将面临的一系列挑战，第三篇白皮书予以高等教育重要地位。根据国家教育委员会（National Commission on Higher Education，NCHE）的数据显示，1986—1993年，进入大学的南非学生平均每年增加了14%，而白人仅占0.4%，但根据1993年的数据显示，高等教育的总参与率仅有20%，其中白人的参与率在70%左右，黑人的却只有12%（Department of Education，1997）。尽管从1993年开始，这种明显的不平等现象有所缓和，但始终存在于高等教育的招生领域。对此，白皮书给出的对策是扩展高等教育项目，同时发展职业技术培训行业，并缩短后者的项目年限，以确保黑人学生的入学率以及完成率为基础，从总体层面制定招生倾斜性政策（Department of Education，1997）。

（二）UNITE 案例

为了解决人才技术短缺问题，并满足调整学科结构的目的，一些商业实体及高等教育机构在政府组织的教育公平体系下，也在自发地进行一系列的积极扶持政策，解决高等教育领域内的公平问题。其中，UNITE 案例就是一个较为成熟的例子。

UNITE 案例是指夸祖鲁－纳塔尔大学的工程师强化教学项目（The University of Kwazulu-Natals Intensive Tuition Engineers）。作为一个发展得较为成熟与全面的积极扶持政策，UNITE 能够从优先录取到奖学金供应方面为来自社会经济与教育背景较差的学习者提供参与学术的机会及相应的学术支持。对黑人群体而言，在经历过旧种族隔离时期的班图教育之后，面对后种族隔离时代的政治动荡，经济增长乏力的社会局面时，往往难以在现有的教育体制内取得成就，尤其是在高等教育领域，而 UNITE 项目正是针对在机械工程领域内的黑人学生而开发的。

为了应对独立后大量美国工程师离开南非的局面，作为一个早期积极响应政府教育公平号召的学校，夸祖鲁－纳塔尔大学于 1988 年开启了此项目。该项目由英美集团南非有限公司（Anglo American Corporation of South Africa Ltd.）赞助，其培养技术人才是为了更好地在南非完善矿物产业。该项目会对参与者进行一定强度的专业技术、数学、英语培训，以培养其专业素养，协助其完成学业。其中，参与项目的学生会被分配往年参与 UNITE 项目的前辈作为导师，并可以向导师寻求每周至少 45 分钟的学术帮助，此举同时有利于促进南非学生群体的内部团结与和谐。同时，该项目会提供 12 小时学时的数学与科学课程，通过将成员数限制在 75 人以内，以能够进行面对面交流的小班教学与讨论的方式确保教学的质量。参与 UNITE 项目的教职人员都有 10 年以上的工作经历，因此可以在为参与者提供专业性课程培训的同时，通过一系列任务、工程、测试、论文来检验他们的学术成果。通过践行科尔布体验式学习模式，UNITE 试图在关注参与者学术表现的同时，对其学习生活、心理健康以及交往

能力进行全方位的培养与关注。（Jenkins et al.，2014）

然而，UNITE 仍旧面临着种族隔离时代对学生产生的负面影响，其中包括语言缺陷，对现代主流文化的拒斥，复杂的家庭背景以及有缺陷的家庭教育，以及习得性无助的症状等。为期一年的 UNITE 项目显然无法一劳永逸地解决这些从种族隔离时代便残留下来的问题。此外，UNITE 作为受个人企业支持的扶持性项目，仅仅出于发展南非经济的需要而面向工程类学生开放，就读于其他专业的学生则无法享受此项目带来的优待（Jenkins et al.，2014）。

但总体而言，UNITE 作为一个从夸祖鲁-纳塔尔大学发展起来的项目，已经在一些周边的大学得到了发展与联系，并吸引了更多私人经济实体的关注。UNITE 的未来发展与资金问题，也得到了企业社会投资（Corporate Social Investment，CSI）的资金支持。参加过 UNITE 项目的黑人学生，在社会成就、心理健康、情绪上的表现都优于其他未参加项目的黑人学生，从成果上来看，UNITE 项目的成就是值得肯定的。

三、南非高等教育倾斜性招生政策的讨论

（一）成效与局限

南非复杂的历史与政治背景使落实高等教育倾斜性招生需要克服重重困难：一方面，种族隔离时代的南非处于白人精英的统治之下，而这一群体随着南非的独立而离开之后，普通百姓由于受教育水平较低，无法适应空缺的工作岗位，使南非整体经济陷入停滞状态，急须提高公民受教育水平，提高劳动力素质以发展国家经济；另一方面，为了防止南非曾经的种族主义独裁政治格局，基于种族歧视而建立的社会秩序急须重建，而这一重建的过程则是通过教育体系的改革来计划实现的，然而殖民早期白人与非白人之间受教育程度的不平等关系，在种族隔离结束之后则需要大量的财政投入来加以弥补。因此，南非的社会经济状况与高等教育招生的公平关系之间有着辩证的联系，南非政府从 20 世纪 90 年代开始力图促进教育公平，对其国家的经济发展与振兴有着重

要的意义（Jenkins et al., 2014）。

政府的系列文件从南非整体社会经济状况出发，通过对教育与训练的区分在结构上为整体高等教育倾斜性招生提供了指导的方针，提供了一个立法与政治基础，受限于经济状况而难以调动相应的资源来落实这些计划，只能通过政府的转移支付，为贫困的黑人、有色人种与印度裔提供奖学金，同时通过私人企业对学校的赞助启动类似 UNITE 的培养项目。在政府—企业的合力之下，南非高等教育倾斜性招生工作才得以缓慢地推动。而这种模式本身于政府的设计之间相差较远，因此这也决定了南非教育公平地实现在短期内难以在政府的设想下仅仅依靠政府一己之力得以统一化治理，而需要依赖这一合作模式，并且在依赖已经受到高等教育优待的人才留在国内继续为国家财政创造收益才能实现，因此，南非真正通过倾斜性招生政策实现教育公平的道路还很漫长。

（二）启示与借鉴

目前，南非高等教育的倾斜性招生手段较为局限，相关助学项目的开展局限于地方企业与高校之间的合作关系，政府的财政收入往往不足以为弱势院校的发展提供相应的补助与支持。同时，尽管有奖学金的激励机制，部分黑人大学生的辍学率仍旧十分严重。因此，南非的政府—企业合作助学模式在短期内仍将持续下去，政府在进一步完善立法与政策制定的同时，可以适当鼓励与引导私人企业参与同高校的项目合作，帮助偏远地区家庭状况较差的黑人、有色人种与印度裔大学生完成大学学业。

同时，作为高等教育本身，对基础教育体系就存在着一系列的要求。因此，要想彻底解决高等教育招生公平的问题，完善倾斜性招生政策的制定，也需要从基础教育领域着手，力图消除班图教育时期对非白人群体产生的负面影响，确保更多的黑人家庭拥有入学机会与完善学业的能力与经济条件。

南非的高等教育招生公平问题主要限制在于建立在种族差异基础上形成的政治压迫及经济不平等现象，以及资本主义经济模式下国家政府财富与私人企业之间的不对等关系。相比南非而言，我国具有更加完善的社会保障体系以及义务教育体系，能够确保相比南非黑人而言更加优秀的素质教育水平。值得从南非学习的是类似 UNITE 的学习辅助项目，除了开设助学金、奖学金与学生贷款以外，教育部可以号召国内的国营企业与私营企业，连同本地高校一同设计完整的助学计划，帮助来自贫困家庭的学生在义务教育之后，获得倾斜性招生的机会，享受优质的高等教育来改变人生。

第六节　印度高等教育倾斜性招生政策

一、印度高等教育招生公平问题的背景

印度人口众多、文化多元、等级森严，《梨俱吠陀》《摩奴法典》等将印度社会分为婆罗门（Brahmin）、刹帝利（Kshatriya）、吠舍（Vaishya）、首陀罗（Sudra）、达利特［Dalit，即"贱民"或"不可触摸者"Untouchables（赵伯乐，2010）］五类种姓，各种姓被严格区分与隔离，阶序森严（杜蒙，1992），社会地位差异大（王树英，2017）。英国殖民以来，出台《表列地区法案（Scheduled Districts Act 1874）》与《1935 年印度政府法案（Government of India Act 1935）》，首次提出"表列种姓"，为列入表中的特殊群体预留（Reservation）席位，并在教育、就业等领域对其采取倾斜性优惠（赵伯乐，2015），推动了对低种姓者的保护和解放（李熠煜等，2016）。独立后，印度政府延续了"表列"这一说法，将部分部落民族也列表优待，称之为"表列部落"，并于 1950 年宪法（Constitution of India, 1950）对表列种姓（第 341 条）和表列部落（第 342 条）进行了规定，颁布了表列种姓宪法（The Constitution 'Scheduled Caste' Order, 1950）和表列部落宪法（The Constitution 'Scheduled Tribes' Order, 1950）。自此，印度人口被分为四大类社群：表列种姓（Scheduled Castes；SCs）、表列部落（Scheduled Tribes；STs）、其他落后阶

层（Other Backward Class；OBC）和先进种群（Forward Caste and others）。根据SECC2011（Socio-Economic and Caste Census 2011），表列种姓、表列部落、其他落后阶层累计占比超过60%。❶ 种姓制度带来的是对低种姓和女性的残酷压迫，NCBC Act 1993（National Commission for Backward Classes Act, 1993）等均提出落后阶级和女性在接受高等教育上长期处于劣势地位（Ministry of Minority Affairs, 2007）。

印度高等教育始于英政府殖民时期，《伍德教育急件》的颁布标志着印度现代教育体系的最终形成（Wood's Despatch on Education, 1854）。自独立以来，印度的高等教育发展迅速（Sheikh, 2017），规模仅次于美国和中国，为其培养了大量人才（Kaul, 2006），但仍然面临着教育公平、人才外流等诸多挑战（Agarwal, 2007）。根据印度高等教育协会2021年报告（AISHE Report 2021），其高等教育毛入学率为27.1%❷，仍然处于较低水平。印度实行中央政府和邦政府合作管理高等教育的x'z体制（安双宏等，2012），其高等教育机构分为大学（Universities）、学院（Colleges）和独立机构（Stand-alone Institutions）。大学包括根据议会法案建立、由印度政府管理和资助的大学（中央大学，Central Universities），根据各州立法机关建立、由各州政府管理和资助的大学（州立大学，State Universities）和以高素质教育闻名、被国家认可为大学的私立学院（认可大学，Deemed to be Universities）。学院包括数量庞大的附属学院（Affiliated Colleges）和自治学院（Autonomous Colleges）（Gupta et al., 2012）。截至2022年，被列入全印度高等教育调查（AISHE, All India Survey on Higher Education）门户网站、有权授予学位的大学共有1043所，或依附于大学、或被承认的学院有42 343所，无权授予学位的独立机构42 343所❸，各类机构数量差异大，办学标准和自主性不同，这导致其在招生中偏好以及选择差异较大。尽管近些年来随着保留政策（Reservation Policy）等平权法案（Affirmative

---

❶ 见印度政府官方数据，https://secc.gov.in。注：最新一轮普查于2022年2月底开始。
❷ 数据来源：https://www.aishe.gov.in/aishe/reports。
❸ 数据来源：https://www.statista.com/statistics/660862/higher-education-institutions-bytype-india/。

Action)的出台,上层种姓垄断高等教育的状况被打破(杨洪等,2020),但总体来说,低种姓者(Benjamin, 2008)、少数宗教团体、女性仍处于劣势地位(Frisancho et al., 2016),不平等状况依然存在(Tilak, 2015)。

二、印度高等教育倾斜性招生政策的讨论

为弥合不同阶级的巨大差异、缓解阶级矛盾,促进印度社会经济社会文化全面发展,印度政府推行了系列促进高等教育教育机会公平的政策,推动表列种姓和表列部落、其他宗教群体、女性、经济落后群体公平接受高等教育的机会(Desai et al., 2008)。

印度作为新兴经济体,其高等教育为其人才储备起到了重要作用,因此自独立以来其高等教育得到了较迅速的发展,但是由于种姓、宗教等历史、文化原因,其高等教育的发展在兼顾公平与效率之间几经波折。为解决历史遗留问题,促进国家统一与稳定,印度政府出台了系列政策,为在获取高等教育受教育资格的竞争中处于劣势的群体提供一个相对公平的竞争环境。这些措施可以分为两类:一类是通过宪法和法律规定处于劣势的群体的平等地位与权利,另一类是出台系列政策和委员会调查报告对处于劣势的群体落实行教育保留权制度。这是由其特殊的社会背景决定的,由于历史上表列种姓和表列部落长期处于法律上、事实上的弱势地位,因此先在法律层面上确定其平等地位是极有必要的。

印度高等教育阶段倾斜性招生政策看似实现了公平,但却带来了新的不平等。随着印度经济社会的发展,其高等教育中的保留制度又显现出新的社会和空间不平等。有学者提出,保留制度随之而来的是高等教育机会方面的区域间不平等;以及进入精英机构,科学和工程等高价值学术科目及学习成果方面的社会不平等。正是社会经济空间因素的结合决定了印度在获得高等教育机会方面的社会不平等(Sabharwal, 2021)。现在的低种姓并不与落后阶级挂钩,大多数低种姓已经跨越社会阶梯,与一般人口同处于平等地位;高种姓人群也存

在贫困、受教育程度低等情况，保留政策使其处于不利的竞争地位与教育环境。而表列种姓、表列部落和其他落后阶层也存在划分不够精细的问题，以大范围的社群进行划分，忽略了同一种姓或部落个体发展情况的参差不齐。

从印度高等教育阶段倾斜性招生对象来看，从表列种姓和表列部落到其他落后阶级，再到经济弱势群体，呈现出逐层递进的特点。表列种姓和表列部落是宗教历史和英国殖民时期的产物，长期处于社会弱势地位，因此最早获得关注与保留的名额，是一种"治理的承继"；对其他落后阶级的倾斜政策是在国家治理能力得到了一定提升之后，综合对国家的国情进行实际考察后提出的，这是一种"治理的发展"；经济弱势群体是随着印度经济发展逐渐出现的群体分化，他们在社会上的弱势地位不再由宗教信仰或种姓造成，而是贫富差距分化的产物，因此其中的矛盾与冲突是在保留政策实施过程中逐渐暴露的，较晚进入政策议程，是一种"治理的反思"。这体现了印度高等教育阶段倾斜性招生政策随国家发展阶段变化而变化的特点，也是新兴经济体在面对快速发展、快速变化的社会现实时，兼顾"效率与公平"的写照。而这也启示着我国的高等教育阶段倾斜性招生政策应"随时而变、随势而变"。印度在实施倾斜性招生政策还极为关注发放专项奖学金、配备导师、设立专门调查委员会等政策配套措施，对于我国的专项计划等促进高等教育教育机会公平的政策也有较大启示。此外，印度政府极为强调将"奶油层"排除在保留政策受益群体之外，这实际上也启示我国在确定学生对于专项计划优待等政策的资格时，应该更加"瞄准"，聚焦于真正需要扶持、未享受到公平优质教育的群体。

本章参考文献

安双宏，程懿，2012.当前印度高等教育质量评析［J］.江苏高教，（2）.

白刚，杨光，吴明，2015.日本高校考试招生政策对弱势群体倾斜情况调研［J］.世界教育信息，28（7）：18-19.

陈志斌，1985.日本的残疾人教育［J］.外国教育动态，（5）：64.

公钦正，薛欣欣，2020.南非后种族隔离时期高等教育招生政策变革及其启示［J］.重庆高教研究，8（1）：95.

宫留记，2009.高等教育：社会再生产的工具——布迪厄对法国当代教育制度的批判［J］.比较教育研究，31（4）：52-56.

李熠煜，等，2016.印度社会治理研究［M］.湘潭：湘潭大学出版社，19-21.

刘希伟，2016.法国精英高等教育系统中的"肯定性行动"——巴黎政治学院招生改革探析［J］.教育与考试，（5）：10-14，56.

路易·杜蒙，1992.阶序人：卡斯特体系及其衍生现象［M］.台北：远流出版事业股份有限公司.

牛长松，2009.南非公立高校招生政策的演变——教育公平的视角［J］.外国教育研究，36（3）.

彭姝祎，2021.移民折射下的法国社会不平等［J］.世界社会主义研究，6（8）：67-77，100.

唐滢，2007.美国高校招生考试制度研究［M］.武汉：华中师范大学出版社.

天野郁夫，王建英，1993.日本教育的正负面［J］.华东师范大学学报（教育科学版），（1）：41-48.

王树英，2017.民族政治学：印度的族裔问题及其治理研究［M］.北京：中国社会科学出版社：244-262.

王蔚，2015.法国高等教育平等权的法律保护及其对中国的启示［J］.中国法学教育研究，（2）：153-172.

王晓辉，2005.教育优先区："给匮者更多"——法国探求教育平等的不平之路［J］.全球教育望，34（1）：73-75.

夏正华，2014.透视法国高等教育体制及其改革［J］.法国研究，（4）：27-32，7.

邢克超，2006.社会问题、教育问题、抑或种族问题？——法国2005年城市骚乱简析[J].比较教育研究,(3):1-5.

许明,1998.英国高等教育发展研究[M].大连:辽宁师范大学出版社,53.

杨洪,车金恒,2020.印度教育制度与政策研究[M].北京:人民出版社:156-160.

张梦琦,2016.法国精英学校迈向世界一流:巴黎行政学院内部治理改革研究[J].比较教育研究,38(5):7-13.

张文娟,2020.印度种姓特留权制度的宪法设计及运行挑战[J].清华法学,14(1):83-106.

赵伯乐,2010.印度表列种姓与表列部落探析[J].世界民族,(1):19-28.

赵伯乐,2015.印度民族问题研究[M].北京:时事出版社:257-275.

AGARWAL P, 2007. Higher education in India: Growth, concerns and change agenda [J]. Higher education quarterly, 61 (2): 197-207.

AGNES V Z, 2010. L'ouverture sociale des grandes écoles diversification des élites ou renouveau des politiques publiques d'éducation [J]. Sociétés contemporaines, (79): 69-95.

ANNABELLE A, 2008. Les étudiants-tuteurs dans les dispositifs d'ouverture sociale des Grandes Écoles [J]. Spécificités, (1): 49-60.

AUDE S, 2012. Entre égalité des chances et diversité: les reformulations du problème des inégalités d'accès et de succès dans les grandes écoles en France [J]. Perspectives en éducation et formation: 71-84.

BARLOW J, 1946. Scientific man-power: report of a committee appointed by the Lord President of the Council: presented by the Lord President of the Council to Parliament by command of His Majesty [M]. London: HMSO: 35.

BÉNABOU R, KRAMARZ F, PROST C, 2009. The French zones d'éducation prioritaire: Much ado about nothing? [J]. Economics of Education Review, 28(3): 345-356.

BENJAMIN J, 2008. Dalit and higher education in india [J]. The Indian Journal of Political Science, 69(3): 627-642.

BERNARD T, 2004. La discrimination positive dans l'éducation: Des ZEP à Sciences po [J]. Discrimination positive, (111): 87-99.

BLACKBURN R. JARMAN J, 1993. Changing Inequalities in Access to British Universities [J]. Oxford Review of Education, 19(2): 197-215.

BOOTH C, 1999, The Use of the Case Method in Large and Diverse Undergraduate Business Programmes: Problems and Issue: A Report to The European Case Clearing House and The Foundation for Management Education [R]. Bristol: Business School University of the West of England Press: 14.

CONGRESS, 1944. To provide Federal Government aid for the readjustment in civilian life of returning World War II veterans [Z]. Public Law 78-346 / Chapter 268, 78.

CONGRESS, 1958. To strengthen the national defense and to encourage and assist in the expansion and improvement of educational programs to meet critical national needs; and for other purposes [Z]. Public Law: 85-864.

CONGRESS, 1965. To strengthen the educational resources of our colleges and universities and to provide financial assistance for students in postsecondary and higher education [Z]. Public Law: 89-329.

DEPARTMENT OF EDUCATION, 1995. White Paper 1. White Paper on Education and Training (March) [R]. Department of Education 15.

DEPARTMENT OF EDUCATION, 1996. White Paper 2. The Organisation,

Governance and Funding of Schools. (February) [R]. Department of Education: 9.

DEPARTMENT OF EDUCATION, 1997. White Paper 3. A Programme for the Transformation of Higher Education. (July) [R]. Department of Education: 13.

DESAI S. KULKARNI V, 2008. Changing educational inequalities in India in the context of affirmative action [J]. Demography, 45(2): 245-270.

DUBET F, 2020. Inégalités scolaires: structures, processus et modèles de justice: Le débat en France au cours des cinquante dernières années [J]. Revue européenne des sciences sociales, 57-2(2): 111-136.

ELISE S. LANGAN, 2008. Assimilation and Affirmative Action in French Education Systems [J]. European Education, 40(3).

FRISANCHO V. KRISHNA K, 2016. Affirmative action in higher education in India: targeting, catch up, and mismatch [J]. Higher Education, (71): 611-649.

GOVERNMENT OF SOUTH AFRICA, 1994. White Paper on Reconstruction and Development: Government's Strategy for Fundamental Transformation [R]. Government of South Africa: 62.

GUPTA D, GUPTA N, 2012. Higher education in India: structure, statistics and challenges [J]. Journal of education and Practice, 3(2).

HAYTON A. PACZUSKA A, 2002. Access Participation and Higher Education: Policy and Practice [M]. London: Kogan Page.

HEURDIER L, 2014. La politique d'éducation prioritaire: Un projet conduit hors du champ politique (1981-2001) [J], Vingtième Siècle Revue d'histoire: 155-168.

ICHOU M, 2013. Différences d'origine et origine des différences: les résultats scolaires des enfants d'émigrés/ immigrés en France du début de l'école primaire à la fin du collège[J]. Revue française de sociologie, 54（1）：5-52.

JENKINS L D. MOSES M S, 2014. Affirmative action matters: creating opportunities for students around the world[M].London: Routledge.

KAUL S, 2006. Higher education in india: seizing the opportunity[J]. Development Economics Working Papers, 20（id: 575）：R21-7.

MARIE D B. ANNICK K, 2008. Du baccalauréat à l'enseignement supérieur en France déplacement et recomposition des inégalités[J]. Population,（63）：123-157.

MINISTRY OF MINORITY AFFAIRS, 2007. Report of the National Commission for Religious and Linguistic Minorities[R]. Ministry of Minority Affairs: 58-61.

PAUL P, 2010. Les déplacés de l' ouverture sociale. Sociologie d'une expérimentation scolaire[J]. Actes de la recherche en sciences sociales,（183）：86-105.

ROBBINS L, 1963. Higher Education: Report of a Committee[R]. Cmnd 2154, London: HMSO.

SABBAGH D, 2011. The Rise of Indirect Affirmative Action: Converging Strategies for Promoting Diversity in Selective Institutions of Higher Education in the United States and France[J]. World Politics, 63（3）：470-508.

SABHARWAL N S, 2021. Nature of access to higher education in India: emerging pattern of social and spatial inequalities in educational opportunities[M]. Reflections on 21st Century Human Habitats in India, Springer, Singapore: 345-369.

SHEIKH Y A, 2017. Higher education in India: Challenges and opportunities[J]. Journal of Education and Practice, 8（1）：39-42.

TILAK, BG J, 2015. How inclusive is higher education in india?［J］. Social Change, 45（2）: 185-223.

UGC, 1958. Report on University Development 1952-1957［R］. Cmnd 534, London: HMSO.

WEBSTER E, 2020. Post-qualification admissions system［EB/OL］.（11-13）［2022-01-30］. https: //www.theexamhouse.co.uk/blog/post-qualification-admissions-system.

YVES D, JAMES M, 2018. Les classes préparatoires aux grandes écoles comment concilier compétitivité internationale et proximité démocratique［J］. Éducation et sociétés,（41）: 27-42.

北海道日高振興局, 2022. アイヌ子弟の教育の促進を図る施策について［EB/OL］.（2-14）［2022-7-15］.https: //www.hidaka.pref.hokkaido.lg.jp/hk/kks/ainu.html.

帯広市, 2022. アイヌ子弟高等教育に係る教育扶助実施要領［EB/OL］.（2-14）［2022-7-18］.https: //www1.g-reiki.net/city.obihiro/reiki_honbun/a008RG00001213.html#1000000000.

東京大学, 2022. 東京大学ホームページ入学案内外国学校卒業学生特別選考（1種: 私費留学生・2種: 帰国生徒）［EB/OL］.（2-16）［2022-7-18］.https: //www.utokyo.ac.jp/ja/admissions/undergraduate/e01_02_04.html.

法務省, 2022. 障害を理由とする偏見や差別をなくしましょう［EB/OL］.（1-28）［2022-7-19］.https: //www.moj.go.jp/JINKEN/jinken04_00131.html.

高橋純一, 松崎博文, 2014. 障害児教育におけるインクルーシブ教育への変遷と課題［J］. 福島大学人間発達文化学類論集,（19）: 13-26.

井田頼子, 2015. 日本の大学入試に対する海外就学経験者の認識: 帰国生入試を事例として［J］. 大学評価研究,（14）: 101-116.

慶應義塾大学, 2022. 慶應義塾大学ホームページ入学案内学部入学案内入試制度帰国生入試［EB/OL］.（2-16）［2022-7-25］.https: //www.keio.

ac.jp/ja/admissions/examinations/japanese-returnees/.

日本学生支援機構（JASSO），2022.障害学生受入促進研究委託事業（高大連携）[EB/OL].（2-10）[2022-7-27].https：//www.jasso.go.jp/statistics/gakusei_shogai_koudairenkei/index.html.

文部科学省，2013.第2期教育振興基本計画[EB/OL].（6-14）[2022-02-10].https：//www.mext.go.jp/a_menu/keikaku/detail/__icsFiles/afieldfile/2013/06/14/1336379_02_1.pdf.

文部科学省，2014.特別支援教育を推進するための制度の在り方について（答申）（案）[EB/OL].（9-26）[2022-8-17] https：//www.mext.go.jp/b_menu/shingi/chukyo/chukyo3/016/siryo/__icsFiles/afieldfile/2014/09/26/1216970_001.pdf.

文部科学省，2020.新型コロナウイルスに関連した感染症対策に関する対応について海外から一時帰国中又は一時帰国を予定しているお子様の保護者向けお問合せ窓口について[EB/OL].（3-16）[2022-02-14].https：//www.mext.go.jp/content/20200316-mxt_kouhou01-000004520_4.pdf.

文部科学省，2022.障害のある学生の修学支援に関する検討会報告（第二次まとめ）について[EB/OL].（2-10）[2022-8-5].https：//www.mext.go.jp/b_menu/shingi/chousa/koutou/074/gaiyou/1384405.htm.

文部省，2021.令和4年度大学入学者選抜において、一定の要件を満たした場合には無症状の濃厚接触者の受験を認めることができることについて、B.1.1.529系統（オミクロン株）への対応として、厚生労働省から示された方針をもとに見直したことから、「令和4年度大学入学者選抜に係る新型コロナウイルス感染症に対応した試験実施のガイドライン」を一部再改訂し、通知するものです[EB/OL]（12-28）[2022-02-19].https：//www.mext.go.jp/content/211228_mxt_daigakuc02_000005144-1.pdf.

文部省，2021.令和4年度大学入学者選抜における受験機会の更なる確保について（依頼）[EB/OL].（1-11）[2022-02-10].https：//www.mext.

go.jp/content/20220112-mxt_Kouhou01-000004520_2.pdf.

野崎剛毅，2010.アイヌ民族の教育不平等［J］.國學院大學北海道短期大学部紀要，(27)：41-53.

伊藤雄二，林正太，石戸谷浩美，赤荻顕子，2000.混合受け入れ方式による帰国子女教育の現状：地域別選抜で入学した在留地域別にみる生徒の実態（2年次）［Z］.研究紀要/東京学芸大学教育学部附属竹早中学校，38(6)：53-66.

佐藤郡衛，2005.帰国生徒の受け入れと特別入試の意義と課題:『積極的差別是正策』の視点から［J］.国際教育評論，(2)：76-89

第八章　总结与建议

2021年4月，教育部等四部门共同发布的《关于实现巩固拓展教育脱贫攻坚成果同乡村振兴有效衔接的意见》提出"继续实施重点高校招收农村和脱贫地区学生专项计划"，将倾斜性招生计划作为了拓展教育脱贫成果同乡村振兴衔接的抓手。当我国高等教育进入普及化阶段，伴随着国家级扶贫开发重点县的脱贫摘帽，以及我国户籍制度改革的全面铺开，如何进一步巩固拓展教育脱贫攻坚成果，并同乡村振兴战略高度衔接，这不仅赋予了专项计划政策新的使命，也指明了专项计划政策调整的目标和优化的方向。

第一节　促进高等教育机会公平的国际经验

2022年联合国教科文组织举办的第三届世界高等教育大会在西班牙巴塞罗那举行。大会发布了题为"超越限制：重塑高等教育的新方法"（Beyond Limits: New Ways to Reinvent Higher Education）的路线图（以下简称"路线图"），概述了未来十年高等教育发展的关键原则和变革方向。其中，机会公平始终是高等教育领域经久不衰的重要议题，也是世界各国政府重点保障的教育权利。伴随高等教育的大众化进程，高等教育入学率在急剧增加，但在各国内部、不同区域和不同群体间依然存在巨大差距，社会出身仍是影响高等教育入学机会的主要因素。"路线图"明确指出，在高等教育中体现包容性和多元化，是实现社会正义的迫切需要。各国政府有必要为所有学习者消除获得优质高等教育的障碍，并优先保障弱势群体的教育权益。为此，在长期的教育发展中，世界各国陆续推行了各类促进高等教育机会公平的重要举措，也形成了不同的经验积累。这些政策植根于各国本土的文化体系与教育制度，并致力于解决该国高等教育体系中机会不公平、就学受歧视、资源不充足等问题。

一、扩大供给让更多的人接受高等教育

扩大高等教育机会的供给，特别是增加优质高等教育的入学机会，成为了世界各国普遍采用的根本途径。在社会经济高速发展的今天，扩招政策直接将高等教育由精英化推上了大众化乃至普及化的快车道。根据世界银行2021年9月的数据，有75个国家和经济体高等教育毛入学率超过了50%。扩大高等教育机会供给，增加高校招生学位，显然对促进高等教育机会公平产生直接的积极影响，即使在不同招生方式的选择下，弱势阶层群体也不成比例地获得了更多的受教育机会。以英国为例，20世纪50年代中后期，英国有72%的成年人属于劳动阶层，而地方大学录取的学生中只有31%来自劳动阶层，而劳动阶层学生在牛津大学、剑桥大学中仅占10%左右，许多来自社会弱势阶层家庭的学生无法享有接受高等教育的权利，政府意识到精英招生政策与高等教育需求膨胀间的矛盾。20世纪60年代至80年代中期，在《罗宾斯报告》的推动下，"应为凡愿意接受高等教育并且学业成绩合格者提供接受高等教育的机会"，英国开启高等教育扩招进程。全日制学生数从1962年的21.6万人增加到1980年的56万人，女性、劳动阶层接受高等教育的比例显著提升，逐步告别传统的贵族模式，为平民阶层广开大门，促使英国高等教育从传统模式转向现代模式、从精英型转向大众型。但是，有学者根据爱尔兰、以色列等多个国家高等教育扩招进程的情况发现，教育机会的增加并不能满足所有阶层的需求，新的教育机会往往先被优势阶层占有。同时，优势阶层在保证获取相同教育机会的基础上优先获取更高质量的高等教育资源，即弱势阶层更多接受的是

那些低质量、低水平的高等教育机会。因此，即使伴随着高等教育的扩张，各个群体受教育的绝对机会都在增长，但教育机会数量上的不平等依然存在，质量上的不公平更为突出，意味着在扩大高等教育机会供给的同时，仍需要通过其他政策手段来保障弱势阶层群体的受教育机会。

二、政策倾斜实现不同群体间的机会公平

除了扩大教育机会外，另一条针对性途径是在高校招生过程中向社会弱势群体以及校园代表性不足群体予以倾斜和照顾。在受政府影响较大的高等教育体系和部分公立大学系统中，倾斜性招生政策以明确的配额形式出现，要求大学务必招收规定比例的弱势群体学生，例如，印度、巴西等国及美国部分州的公立大学系统中。为了缓解表列种姓和表列部落的不平等问题，自20世纪50年代，印度政府便开始推进在政府所属机构中为落后阶级和部落保留一定比例的入学名额。2007年，印度又通过《中央教育机构（入学名额保留）法》，为表列种姓、表列部落和其他落后阶层学生分别保留15%、7.5%和27%的名额，其中为其他落后阶层新增的27%保留名额仅适用于中央政府所属高校，包括印度理工学院院校集群、印度中央大学院校集群和印度管理学院院校集群等。到2019年，印度政府允许国家分别在公共服务和教育机构中为经济弱势群体候选人保留职位和席位，给予那些没有纳入低种姓特留权范围但又属于低收入群体的人群不超过10%的招生比例。在巴西，联邦政府制定强制性倾斜法令，要求所有联邦大学为来自公立中学的应届毕业生、低收入家庭考生及少数群族（黑人和印第安人等）保留50%的招生名额，例如，巴西利亚联邦大学为巴西非洲后裔学生保留20%的入学名额，这一配额在里约热内卢州立大学更是达到了40%。在美国部分州立大学中，也存在一些类似配额的倾斜政策，例如，在加州大学系统的招生中有一项特殊才能合格性标准，允许录取学生总数的6%，其中4%面向经济落后地区和家庭，其余2%则特别考虑由于特殊情况未能达到其他录取标准的学生，像退伍军人、残疾学生等。配额政

策以强有力的手段为各类弱势群体学生保留一定比例的受教育机会,有助于提升各类学生的校园代表性,也被视为促进高等教育机会公平的"硬"手段。但是,此类政策往往受到来自非倾斜对象的批评,包括招生中的逆向歧视、配额比例制定偏高、受益学生录取标准降低、学生大学学业表现不佳等问题。

三、综合评价让弱势群体中的佼佼者脱颖而出

在部分国家,如美国,采取的是以高等教育机构为主导的综合评价招生制度。在这样的招生方式中,充分考虑弱势学生的背景进行录取评价,成为促进高等教育机会公平的主要方式。随着20世纪60年代美国黑人运动、妇女运动的兴起,肯尼迪政府于1961年签署实施《平权法案》(又名"肯定性行动"),旨在高校招生、公司招聘、政府招标等公共领域适当照顾少数族裔和女性,以消除他们受到的歧视。虽然在过去的60多年,《平权法案》在美国各州几经修改甚至废除,但其思想被大学吸收,并在当前美国高等教育招生评价中以追求校园多样性(Diversity)为目标予以体现,着力通过综合评审制度维护包括少数族裔、女性、农村学生、低收入群体在内的弱势群体的教育机会。综合评价意味着要全面评估申请者的完整申请档案再决定是否录取,强调以考察"全人"的视角,将申请者置于家庭、社区、高中所能提供学习机会的"完整环境"下进行评估。当一名弱势背景学生展示其基于有限学习条件取得的学习成就,并在学习过程中展现出坚毅、努力以及其他方面的优秀品质,哪怕在部分成绩指标、课外活动指标与同龄人存在差距,也更容易受到招生人员的赏识和录取机会。无独有偶,日本政府在对回国子女采取了有别于一般入学考试的综合评价方式。这类群体长期居留海外,不具备在日生活经验,同时残障人士相对较多。因此,带有救助性质的回国子女入学考试,免除或减少对学业成绩测试的考察,更重视申请书及面试选拔,强调评价尺度的多元化,审慎判断学生的能力和资质。当然,充分考虑弱势背景的综合评价也存在一些质疑,例如,如何看待招生人员价值观层面的主观倾向、录取学生并不知道被录取的真正原

因（完全基于自身实力还是受到平权政策补偿）、究竟有多少弱势学生受惠于政策等问题。因此，这一政策也被视为促进教育公平的"软"措施。

四、经济资助保障低收入群体的受教育机会

当前，还有许多国家认为阻碍教育机会公平的第一座大山是经济因素，从而推动高校招生倾斜政策从针对不同弱势群体向基于社会阶层转变。因此，为低收入群体提供经济资助能够显著提高其接受高等教育的意愿，并在就学过程中确保他们不会因财务问题而被迫失学、放弃大学梦想。同时，通过学生需求导向的经济资助也能够间接鼓励高等教育机构招生，以实现不同收入层级群体的机会公平。在市场化机制的影响下，美国高校最大的收入来源是学生学费。当联邦政府、州政府为低收入学生提供较高比例和额度的经济资助（如佩尔助学金、联邦补充教育机会补助金等）与助学贷款时，高校实际上通过学生的学费间接获得了政府的资助，也正向激励高校招收更多低收入学生。数据显示，2017—2018学年，68%的佩尔助学金流向美国公立高校、17%流向私立营利性高校、15%流向私立非营利性高校。在巴西，虽然联邦和州立大学是免学费的，但超过75%本科学生就读于私立机构。因此，巴西政府实施了"大学为所有人开放项目"，为低收入学生提供奖学金，并通过免税的形式鼓励私立高等教育机构招收低收入学生。当然，"路线图"也呼吁更多国家采取"针对性免学费"政策，即最贫穷的40%~60%学生可以免费享受高等教育，而来自最富裕家庭的学生则需要缴纳学费，这种方法在财政上是长期可持续的，并确保社会上最富有的群体向最贫穷的群体提供交叉补贴。

五、扶植高中引导中等教育优质均衡发展

高等教育入学机会公平不只是高等教育的问题，更是每个人从幼儿教育开始到各个教育阶段累进的结果。正如第一次世界高等教育大会发布的《二十一

世纪的高等教育：展望与行动》所指，高等教育的机会公平应从加强并在必要时重新安排其与所有其他层次教育，特别是与中等教育的联系。因此，通过高校招生对中等教育产生影响，也被部分国家和地区所接受。以法国为例，政府划定了"教育优先区"，旨在有选择地提升学校不及格率最高地区的教育行动。这些教育优先区中贫困学生、外籍学生、学业困难学生的数量明显高于其他学区。法国精英高等院校则为"教育优先区"增设预科班、实行特殊类型考试招生、推行中学生辅导项目等。以巴黎政治学院为例，该校实施了"优先教育协定"，旨在与"教育优先区"的高中开展合作，通过将其入学考试的部分权力委托给合作高中，为其学生创建一个特殊的录取通道。同样，美国得克萨斯州自1998年采取的百分比计划，确保州内所有高中班级排名前10%的学生都能进入该州的公立高等教育机构，旨在改善身在薄弱学区、处境不利学生和少数族裔学生的教育机会。同时，该政策也使那些原本不受欢迎的高中能够招到较高质量的学生，从而明显减少高中学校间的质量分层。

目前，许多国家已经针对不同弱势群体实施了各种形式的教育行动，形成了促进高等教育机会公平的全球经验。但是，高等教育要发展成为人们普遍可以接受的教育，仍然还有漫长的路要走。正如"路线图"所倡导，将公平和非歧视作为高等教育的优先事项。面向未来，在普及高等教育的进程中，应将公平和非歧视纳入法律法规、政策和制度文化中，而不仅仅将其作为一种"附加"的管理手段，从而真正实现高等教育的大门向每一位希望接受教育的人公平地敞开。

第二节 倾斜性招生计划面临的突出问题

党的十八大以来，我国先后实施面向农村和（原）贫困地区学生的国家专项计划、高校专项计划和地方专项计划，形成了以部属重点高校、省属重点高校为主的倾斜性专项招生体系，每年定向解决 10 万名中西部及农村地区学生上重点大学的机会。其中，部属"双一流"高校年均专项招生规模占其本科招生数的 10% 左右，有力推动了弱势阶层学生接受更加公平、更有质量的高等教育。倾斜性招生计划是促进教育公平与社会公平的大事，具有极高的社会显示度与影响力，2022 年的《政府工作报告》再次提出"高校招生继续加大对中西部和农村地区倾斜力度"。因此，面向未来特别是"十四五"时期，要进一步普及高等教育，缩小地区差距、城乡差距，让优质高等教育更多更公平惠及全体人民，必须进一步优化重点高校专项招生计划，妥善处理好招生政策与高等教育入学机会形势的变化，逐步形成具有中国特色的、完善的倾斜性招生体系。

第一，外部环境的变化亟须调整政策。随着我国全面脱贫任务的完成，国家级扶贫开发重点县已脱贫摘帽，针对贫困地区的国家专项计划面临政策话语的改变。目前，在相关政策文本中，使用"原集中连片特殊困难县和原国家级扶贫开发重点县""脱贫地区"等说法进行替代。同时，招收县及以下农村学生的高校专项计划与地方专项计划也面临类似问题，在户籍制度改革中，居民户口、家庭户口逐步取代原有的户籍分类。那么，对于持有居民户口但实际生活在农村的学生来说，是否应纳入农村倾斜政策的照顾对象。可见，未来专项计划的实施区域与招生对象有待重新划分与明确。

第二，招生计划重叠产生补偿冗余。三大专项计划的承担高校与实施对象有较大重叠，国家专项计划实施县的农村学生可以参与全部专项计划，让县域城镇户籍的低收入学生感到不公。同时，国家专项计划、地方专项计划仅须在高考志愿填报过程中通过审核资格，便可报名参加，而高校专项计划参照自主招生执行，农村学生不仅需要提前准备户籍、学籍等证明，还要准备自荐信、推荐信等材料，参与成本较高，给学生备考带来额外压力。并且，大部分高校在审核资格后仍以高考成绩分省择优，本质上与国家专项计划的选拔方式一致，失去了自主招生的意义。因此，学生出于便利性等因素考虑大多选择参与国家专项计划与地方专项计划。

第三，政策补偿性功能降低。当前专项计划的录取分差从原来的100多分、最低降至一本线逐步缩小到10~20分，部分"双一流"院校、省属重点院校专项计划批次录取分数线已经超过了统招批次。由于政策信息的普及与学生的充分参与，越来越多能够通过统招进入重点大学的学生主动选择了专项计划的赛道，寻求多一重的保障，但这也意味着政策的分数补偿效应与扩大弱势群体学生规模的作用在降低。同时，招生结果在中学层面呈现集中甚至固化的态势，教育规模相对较大、经济水平相对较高的（原）贫困县获得了更多招录机会，部分"双一流"高校在一些省份的录取人数集中在少数几个县的中学，使专项计划成为少数地方、少数学校和少数学生进入重点大学的"敲门砖"。以2017年高校专项计划录取结果为例，全国有108所高中专项录取超过了20人，占高校专项计划录取总数的35%，最多一所高中录取126人，但这108所高中仅占全国高中数的0.8%，形成公平政策内部的"不公平"。

第三节　倾斜性招生计划改进的优化建议

如何在未来促进公平的基础之上同时保证教育质量，使弱势受众获得"公平而有质量"的高等教育机会，是高校倾斜性招生政策在2020年之后高等教育普及化阶段需要进一步回答的问题。基于本书对三大专项计划的政策研究，以及对倾斜性招生计划涉及的高中学校发展、大学学生成长和高校毕业生选择等问题的深入了解，本书认为面对未来的倾斜性招生计划改进应遵照如下几个方面。

第一，应根据乡村振兴战略重新调整专项计划的定位与作用。专项计划的政策效应远不止于解决弱势群体学生的教育机会，在乡村振兴战略中，政策的溢出效应将对县域基础教育发展与乡村振兴人才培养输送产生重要的引导作用。将专项计划置于乡村振兴战略中统筹考虑，如自2024年起，国家专项计划政策倾斜区域可明确变更为国家乡村振兴重点帮扶县等地区。应以"县"为主调整专项计划实施区域，划分依据从原有单一经济标准向经济与教育发展相结合的标准转变，把县域教育发展规模、质量和县中发展情况纳入倾斜范畴，适当考虑引入薄弱县中推荐制度，有针对性地支持那些经济发展水平较低、教育基础薄弱、教育投入不充分的县。此外，发挥地方专项计划学科专业设置和人才培养模式与地方经济社会发展联系更为紧密优势，做好专业匹配，进一步提高人才输送的稳定性，降低毕业生外流的可能性。具体实施层面，可鼓励本省地方专项计划学生在省内县域、农村就业（参照高校专项计划学生返回生源地本省就业的奖励计划），给本省基层就业、返乡就业、专业对口就业的学生予以返还学费、发放奖学金等奖励。同时，在校学习期间可以对地方专项计划学生加强地方化的社会实践和实习实训，实现人才的柔性"引、育、留"工作，强化地方专项计划学生与本地社会经济发展之间的情怀植根与理念融合。

第二，精准定位倾斜群体，逐步实现从地区、户籍指标向家庭第一代大学生、家庭收入为依据划定受益对象的转变。原先专项计划实施对象主体为农村和贫困地区学生，识别条件未能直接与经济状况等其他条件挂钩，最终可能出现"奶油层"效应，即经济资本和文化资本相对充分的群体受益。特别是从全国层面执行的国家和高校专项计划，在单一靠区域和户籍识别的条件下情况尤其明显。2020年后，由于脱贫事业进入相对治理的巩固期，加之城乡统一的居民户口登记制度改革逐渐全面彻底，在原识别困境未解的同时，还面临着招生标准模糊化的问题。以地区、户籍区分政策实施对象是阶段性做法，未来专项计划要更为精准地立足于保障社会处境不利的群体，或者根据社会特定群体的问题来调整，而不是单纯地按照地区或农村这样的区域性质大范围、大规模地制定政策。"十四五"期间，在维持现有区域和户籍倾斜政策不变的情况下，招生倾斜对象可进一步聚焦为家庭第一代大学生，将政策定向补偿那些县域中更弱势的学生群体。同时，考虑将区域倾斜政策与农村倾斜政策进行整合，目标逐步统一过渡为那些实际生活在农村地区的低收入学生。在区域划定上，各地需要处理好普惠和精准之间的辩证关系，应以实际生活在农村地区为主要判断依据，同时实施区域应适度、渐进地向类发展水平区域扩展。未来，在条件成熟的情况下，最终转向以学生家庭收入为主要参考标准的倾斜性招生政策。

第三，统筹协调招生计划编制，扩大地方重点院校专项招生规模。与两大专项计划不同，地方专项计划招生主体是地方重点院校，对应分数段的学生体量也更庞大，可以给更多学生提供倾斜性高等教育机会。未来我国倾斜性招生体系将以"双一流"高校为龙头、地方重点院校为支柱的优质高教资源输出结构，优化专项计划承担院校的层次结构，压实巩固"双一流"高校专项招生占比 10% 的规模，进一步扩大省属重点院校覆盖面，适度增加地方院校专项招生指标，特别是定向解决本省农村和贫困地区学生的教育机会。统筹协调各省专项招生计划编制，根据地区间农村和贫困地区学生规模与比例，动态优化省际招生指标的分配方案。同时，可以采取直接扩大已承担院校的招生规模、增列承担高校数量、增划实施区域、扩展实施对象等手段。建议将承担院校确定招生规模的总体思路，从以学校招生规模划定比例（如不低于当年招生规模的 3%）改进为按本省农村适龄学生总量的适当比例划定招生计划总量，再对应向承担高校分配，也就是将政策惠及规模从供给端向需求端转变。同时，在专业结构上，应兼顾考虑地方高校办学条件及特色，注重对本地产业结构的适应性，对于专业结构与本地社会经济发展适切性较高的高校，可较多承担计划份额。

第四，优化招生规则，妥善处理好专项计划内部公平与效率间的关系。考虑到不同专项计划倾斜对象的重叠性与高校专项计划参与的复杂性，允许政策受益重叠群体使用同一套申请材料在不同计划间通用，并设计一定互斥原则提高学生申请效率，如不允许同时填报同一所高校的国家专项计划与高校专项计划，或国家专项计划与地方专项计划。应针对农村学生群体特征，进一步简化高校专项计划的申请程序，可参照国家专项计划的资格审核与分省择优方式进行招录，取代烦琐的、已无法发挥实际作用的自主招生申请环节。优化专项计划投放专业，不应将那些招录情况不佳的专业、不适合专项生源背景的专业或就业情况不理想的专业投放给专项计划，放宽对专项计划录取学生的专业限制，允许学生就读期间合理的专业流动。同时，允许高校根据本校人才培养目标与录取情况，在国家政策的基础上适当提高录取标准，设定合理的分数保护机制。例如，根据学校实际录取分数线与一本线的差距，要求学生达到一批次学生的前30%、40%或50%，或学生高考投档成绩达到高校在当地最终模拟投档线分数下20分、30分或50分以内，合理控制重点大学的专项招生录取分数线与统招批次录取分数线间的差距，避免社会公众对专项计划录取分差较大的"捡漏"印象。

　　第五，加强专项计划学生的培养，重点做好生涯发展引导。应重视新生入学适应性教育，帮助专项生更好地认识自我。高校可安排专门的导师、辅导员或是有类似成长经历的高年级学生，通过创造平等、健康的对话空间和契机，帮助专项生正确理解自己的特点，挖掘自身的闪光点与潜质；高校生涯规划指导课程需增加生涯团体辅导和个体咨询，提供更加个性化的指导服务，并纳入心理健康教育板块，通过提高专项计划学生正确认识自我的能力来保障合理地规划生涯，并在寻找学习与发展过程中的关键成功事件来增强正向激励；鼓励专项生通过参与学生社团、担任学生干部、从事志愿服务等途径融入丰富多彩的大学生活，增强其非认知能力和校园归属感；建立专项计划学生群体内部交流机制，增加同辈交流分享会等活动进行同辈生涯规划教育，并为专项计划学生配备生涯导师，帮助学生进行积极的自我探索、准确的自我定位和理性的生涯规划及决策；在相关高校生涯规划辅导中添加乡村就业创业的板块，引进返乡创业咨询团队，解决返乡专项计划大学生难题，并通过大学生返乡就业创业典型案例的示范作用，积极引导专项计划学生参与到乡村振兴的建设中。做好专项计划录取学生的理想信念教育与就业引导，通过返还学费、发放奖助学金等形式，鼓励政策受益学生毕业返乡就业创业，服务家乡的社会经济发展，融入乡村振兴大局，形成地方、高校与人才的良性互动。

本章参考文献

崔盛，田浩然，2023.地方高等学校专项招收农村学生的现状与优化［J］.教育研究，（2）：101-111.

崔盛，宫颢韵，2023.期望与现实的落差：从生涯规划看专项计划学生毕业选择［J］.中国高教研究，(3):34-41.

崔盛，吴秋翔，2022.促进高等教育机会公平的全球经验［N］.光明日报，08-18（14）.

李立国，崔盛，吴秋翔，2018.中国高等教育公平新进展——重点高校招收农村和贫困地区学生专项计划研究报告［M］.中国人民大学出版社.

李立国，吴秋翔，2019.专项计划的今天与未来［N］.光明日报，08-20（14）.

李立国，吴秋翔，2020.从权利平等、机会平等到发展平等——基于我国倾斜性招生政策的分析［J］.教育研究，41（3）：95-105.

吴秋翔，李立国，2021.重点大学专项计划学生的非认知表现——基于"负担综合症"的质性研究［J］.复旦教育论坛，(5):73-80.

吴秋翔，2022."县中塌陷"到县中振兴：高考专项计划如何变县中困局［J］.中国教育专刊，(2):8-14.

吴秋翔，李立国，2018.专项招生计划，从数量公平到质量公平［N］.光明日报，08-28（13）.